Hurtigruten

Bilder und Texte
von Kai-Uwe Küchler

Weltbild

INHALT

Erste Seite: Kristiansund wurde über drei Inseln erbaut. Um die schöne Stadt ans Land zu binden, wurden den 19 000 Einwohnern eine 1500 Meter lange Hängebrücke und ein fünf Kilometer langer Tunnel spendiert.

Seite 2/3: Der Bergbauernhof von Skageflå liegt 800 Meter hoch über dem Geirangerfjord. Obwohl der Hof nicht mehr bewirtschaftet wird, lassen die Norweger das schöne Gebäude nicht verfallen. Eine Stiftung kümmert sich um den Erhalt.

Seite 4/5: Der Fløyen bietet einen fantastischen Ausblick auf die Stadt Bergen. Eine Standseilbahn (Fløibanen) bringt Passagiere bequem zum Aussichtspunkt.

134 Schöne Städte vor fantastischen Kulissen – die südgehende Tour

Seite 8/9:
Um das Loch im Berg Torghatten ihren Passagieren zu zeigen, fahren die Hurtigruten-Kapitäne extra einen Bogen. Der Sage nach soll der markante Felsen der Hut des Trollkönigs gewesen sein.

Seite 10/11:
Die 4,8 Kilometer lange Fahrrinne Risøy-Renna ist nur 100 Meter breit und sechs Meter tief. Bis 1922 konnten Teile der Vesterålen von Hurtigruten-Schiffen nicht angelaufen werden. Das Wasser war nicht tief genug. Erst nachdem ein Kanal ausgebaggert wurde, konnte die Inselgruppe in den Hurtigruten-Verkehr eingebunden werden.

HURTIGRUTEN –
DIE „SCHNELLE ROUTE"

Die Sieben Schwestern am Geiranger-fjord erleben die Passagiere des Hurtigruten-Schiffes aus nächster Nähe. Die „Damen" sind aber nur bei aus-reichend Niederschlag alle „zu Hause".

HURTIGRUTEN – DIE „SCHNELLE ROUTE"

Seit 1893 stampfen die legendären Postschiffe der „schnellen Route" – so die Übersetzung von Hurtigruten – die norwegische Küste entlang. 1250 Seemeilen liegen zwischen Bergen, dem Ausgangshafen, und Kirkenes, dem Wendepunkt, fast an der Grenze zu Russland. 34 Häfen werden auf jeder Tour angelaufen. Im Sommer wie im Winter. Am Tag und in der Nacht. Im Licht der Mitternachtssonne oder im Dunkel der Polarnacht. Mit schöner Regelmäßigkeit, bei einer konstanten Geschwindigkeit von 16 Knoten, transportieren die Schiffe Fracht und Passagiere in den hohen Norden und zurück. Ein normales Verkehrsmittel möchte man meinen. Eine Linienverbindung, wie man sie häufig in Ländern mit einer ausgedehnten Küste findet. Doch halt, weit gefehlt! Wer so denkt, verkennt den Stellenwert und den Symbolcharakter, den Hurtigruten für die Norweger besitzt.

Die Lofoten stellen für viele Norwegenfahrer einen Höhepunkt ihrer Reise dar. Viele der ehemaligen Fischerhütten, die „Rorbuer" heißen, wurden zu Touristenunterkünften umgebaut.

Für die Einheimischen stellt die Linie der Postschiffe ein Stück norwegischer Geschichte, Kultur und Tradition dar. Wann immer es zu Veränderungen in den Besitzverhältnissen der Flotte (es gab des Öfteren Fusionen der einzelnen Reedereien, die Hurtigruten betrieben haben) kommt oder ein neues Schiff gebaut werden soll, nimmt die Presse und vor allem der Norden Norwegens regen Anteil. Jüngstes Beispiel ist die Fusion der beiden Reedereien Ofotens og Vesterålens Dampskibsselskap (OVDS) und Troms Fylkes Dampskibsselskap (TFDS) zur Hurtigruten GmbH. Als „Nabelschnur des Nordens" oder als „Lebensnerv" des Landes wird die Linie in Norwegen heute noch bezeichnet. Bis 2001 trug die Fährverbindung sogar die offizielle Bezeichnung „Reichsstraße Nr. 1".

Für uns Gäste ist die Fahrt mit diesen Schiffen eine einzigartige Möglichkeit, die überwältigende Natur des Landes von der Seeseite aus auf erholsame Art zu erleben. In den Häfen beobachtet man das Laden und Löschen von Gütern oder schaut einfach zu, wie Passagiere aus- oder zusteigen. Man trifft Einheimische und Nordlandfans aus der ganzen Welt. Die betont legere Atmosphäre sowie der Komfort an Bord machen, neben dem sagenhaften Licht des Nordens und der einzigartigen Landschaft, den Erlebniswert einer Hurtigrutenreise aus.

Schnell sind wir heutzutage mit Superlativen bei der Hand. Werbeagenturen und Medienmacher verklären Dinge zum „Mythos" oder „Kult", selbst wenn es sich um eher banale Beschreibungen zeitlich begrenzter Phänomene moderner Popkultur handelt. Wir wollen an dieser Stelle nicht der Versuchung nachgeben, vom „Mythos Hurtigruten" zu reden, denn Hurtigruten ist und bleibt, was sie immer war: eine Fracht- und Passagier-schifflinie. Trotzdem ist das Ganze mehr, als die Summe seiner Teile. Und um dieses Besondere, das Einzigartige einer Schiffsreise mit Hurtig-ruten soll es in diesem Buch gehen. Begeben wir uns auf Spurensuche und auf eine der schönsten Seereisen der Welt.

Richard With –
Die Geburtsstunde von Hurtigruten

Stokmarknes, ein kleiner Hafen auf den Vester-ålen. Seit dem Winter des Jahres 1885 studiert Richard With die vom Lotsen Anders Holthe angefertigten Aufzeichnungen über eine Schiff-fahrtsroute entlang der Küste nach Vadsø in Nordnorwegen. Schon vorher hatte der in Tromsø geborene Kaufmann und Kapitän Fisch und an-dere Güter zwischen Nord- und Südnorwegen transportiert. Wie groß wäre wohl das wirtschaft-liche Potential einer permanenten Schiffsverbin-dung von Süd- nach Nordnorwegen?

Bis zu diesem Zeitpunkt gab es zweimal jähr-lich den offiziellen Auftrag, Post von Trondheim in die Festung Vardøhus nach Nordnorwegen zu bringen. Doch war ein Brief mit der „Staffelpost" von Trondheim in den hohen Norden damals drei Monate unterwegs. Auf der ersten Etappe ruder-ten acht Seeleute von Trondheim nach Bodø. Von dort fuhr das nächste Team bis Tromsø, wo eine dritte Crew Post und Pakete übernahm und bis Alta weiterruderte. Es gab keine genauen Seekarten oder markierte Fahrrinnen und nur wenige Leuchttürme, die den Schiffen den Weg weisen konnten. Das Unternehmen blieb ein waghalsiges Unterfangen. Selbst als in der Mitte des 19. Jahr-hunderts Dampfschiffe diese Aufgabe übernah-men, ging dies nur langsam und unregelmäßig vonstatten.

Eine verrückte Idee setzt sich in Richard With' Kopf fest. Er beginnt mit der Planung einer schnellen und regelmäßig verkehrenden Verbin-dung zwischen Süd- und Nordnorwegen. Aber ist ein solches Unternehmen überhaupt realisierbar? Sind die Risiken nicht zu hoch?

Als der Dampfschiff-Referent August Kriegs-mann Gran einen Hurtigrutenverkehr ausschreibt, der zwei Mal wöchentlich Trondheim mit Vadsø verbinden soll, sieht With seine Chance gekom-men. In nur 34 Stunden will er diese Strecke ab-solvieren. Um dieses Ziel zu erreichen, müssen die Schiffe auch nachts fahren. Ein aberwitzig scheinender Gedanke. Die Leute glauben, dass With den Verstand verloren hat. Anfangs will keine Versicherung das Unternehmen absichern. Doch With gibt nicht auf. Er überzeugt die Zweif-ler. Technische Neuerungen helfen ihm dabei. 1883 war der Thomson-Kompass entwickelt wor-den. Lotsen sollen die Schiffe in der Nacht sicher durch die Küstengewässer führen. Und tatsäch-lich: Am 2. Juli 1893 nimmt ein Schiff der „Vester-ålen Dampskibsselskap Norge" die Fahrt nach Norden auf. Tausende begeisterte Norweger erleben die Geburtsstunde von Hurtigruten. Die Tour wird zu einem Triumphzug. In den Häfen wird das Schiff mit Hurrarufen empfangen. Die Waren werden pünktlich ausgeliefert. Nordnor-

Brønnøysund liegt malerisch an der Schärenküste Mittel-norwegens. Der Ort wurde vor allem als Ausgangspunkt für den Besuch des „Torghatten" – des Berges mit dem Loch – bekannt.

wegen hat eine ständige und zuverlässige Nord-Süd-Verbindung und damit Zugang zu den Weltmärkten.

Aufstieg und Modernisierung

Auch den ersten Winter überstehen die Postschiffe ohne Schaden. Ein Jahr nach der Jungfernfahrt schließen sich zwei weitere Reedereien mit ihren Flotten Hurtigruten an. 1898 wird die Strecke bis nach Bergen erweitert und ein Staatsvertrag von 1911 legt den Hafen Kirkenes, nahe der russischen Grenze, als Wendepunkt der Schiffe fest. Die Route besteht im Wesentlichen, abgesehen von einigen Häfen, die dazugekommen sind oder nicht mehr angefahren werden, bis heute.

Trotz der Anfangserfolge muss Hurtigruten ebenso Rückschläge verkraften. Eine Fahrt in den teilweise sehr engen Passagen bleibt ein gefährliches Unternehmen. In Friedenszeiten gehen acht Schiffe durch Unfälle verloren. 97 Menschen finden dabei den Tod. Die härteste Zeit erlebt die

Fährlinie jedoch im Krieg. Neun Schiffe werden im Laufe des Zweiten Weltkrieges versenkt. Fünf allein 1940, als die Deutsche Marine auch Zivilboote angreift. Russen und Briten bombardieren irrtümlicherweise andere Hurtigruten-Schiffe, weil sie diese für eine Versorgungslinie der Deutschen halten. Der Fährbetrieb muss zeitweise ausgesetzt werden.

Schon vor dem Krieg verbesserten sich die Technik und die Möglichkeiten der Navigation. Bis 1936 wurden alle Hurtigruten-Schiffe mit einem Radiotelefon ausgestattet, um die Kommunikation mit dem Festland zu erleichtern. 1937 kommen Echolot, Radiopeilsender und ein elektronisches Logbuch dazu. Nach dem Krieg nimmt die Linie wieder ihren gewohnten Betrieb auf. Ab 1952 treiben moderne Dieselmotoren die Schiffe an. Heute navigieren die Kapitäne mit modernster Technik. Am 1. Juni 1994 wird der elektronische Seeweg eröffnet und seitdem mit elektronischen Seekarten navigiert. Auf dem größten Teil der

Strecke übernimmt ein Autopilot die Steuerung. Nur bei Gegenverkehr oder bei An- und Ablegemanövern wird manuell gesteuert. In den letzten Jahren gab es im normalen Fährbetrieb keine nennenswerten Störungen.

Geografisches

Die Küste Norwegens: wild, zerklüftet und sturmumtost. Ein Labyrinth, bestehend aus tausenden Inseln, Schären und gewaltigen, weit verzweigten Einschnitten in die Landmasse. Die Wunderwelt der norwegischen Fjorde wurde durch Erosion und unter den Schneemassen der Eiszeit geformt. Einst bedeckten riesige Gletscher den größten Teil Nordeuropas. Unter der Last des Eispanzers sank die Landmasse Norwegens immer tiefer in die Erdkruste. An manchen Stellen bis zu 900 Meter. Das Eis veränderte die Oberfläche. Die Erde wurde abgehobelt, plattgewalzt und zurechtgeschoben. Es entstanden, teilweise unter dem Gletschereis, bizarre Felsformationen und Strukturen, die, als sich das Eis durch Erderwärmung zurückzog, zu Tage traten und heute in der fantastischen Bergwelt Norwegens sichtbar sind. Nach dem Rückgang des Eises hoben sich die Landmassen wieder. Ein Prozess, der heute noch andauert. Wo immer dabei Gletscherzungen über Trogtäler bis zum Meer hinabreichten und in den Gezeitenbereich des Meeres gelangten, entstanden Fjorde, also jene wunderbare Verzahnung von Meer und Land, die man auch in Neuseeland, Chile oder Island findet. Nirgendwo aber ist die Fjordlandschaft so ausgeprägt und so spektakulär wie in Norwegen. Der längste Fjord der Erde – der Sognefjord mit seinen 204 Kilometern – ist hier genauso zu finden, wie einer der schmalsten. Der Nærøyfjord, ein Nebenarm des Sognefjords, trägt seinen Namen „enger Fjord" nicht zu unrecht. An einigen Stellen ist er gerade mal 250 Meter breit. Die umliegenden Berge ragen über 1000 Meter in die Höhe. Im Winter dringt wochenlang kein Sonnenstrahl in ihn hinein. Und am legendären Trollfjord in der Inselwelt der Lofoten scheint es, als könne man die Felswände links und rechts vom Boot berühren. Eine Fahrt mit Hurtigruten ist immer auch ein Erlebnis dieser einzigartigen Fjordlandschaft aus nächster Nähe.

Frühe Seefahrer und die „modernen Wikinger"

Der Golfstrom ist ein „Schicksalsstrom" für die Norweger. Er lässt die Gewässer vor der Küste des Landes niemals zufrieren. Oft sind die Inlandsverbindungen im Winter wochenlang durch Schneemassen blockiert. So blieb das Meer die einzige zuverlässige und dauerhaft passierbare Brücke zur Außenwelt. Durch diese geografischen Besonderheiten entwickelte sich auf dem Gebiet des heutigen Norwegens ein Volk von Seefahrern, das viel Wissen um Nautik, Schiffsbau und Wetterkunde ansammelte. Es baute seine Niederlassungen in Küstennähe. Tatsächlich haben die vier größten Städte des Landes – Oslo, Bergen, Stavanger und Trondheim – direkten Zugang zum Meer. Schon früh wagten sich die Nordländer in Gegenden jenseits der Küstenregionen Skandinaviens.

Der Hafen von Bergen ist das Herz der Stadt. Zu früheren Zeiten wurden hier Produkte aus Nordnorwegen (vor allem Stockfisch) umgeladen und dann nach Deutschland und Italien verschickt. Heute legen hier vor allem Fähren, Ausflugs- und Privatschiffe an.

Die Fahrten der Wikinger, jener sagenumwobenen räuberischen Seefahrer, Handelsleute und abenteuerlichen Entdecker, die 793 plötzlich aus dem geschichtslosen Dunkel des Nordens auftauchten und auf der nordöstlich von England gelegenen Insel Lindesfarne eines der bedeutendsten christlichen Klöster plünderten und zerstörten, sind legendär und beeindrucken noch heute. Sie drangen auf den großen russischen Strömen bis zum Schwarzen Meer vor, sie entdeckten Island und besiedelten es. Als erste Europäer betraten sie um 1000 n. Chr. amerikanisches Festland, das sie „Vinland" nannten, nicht ohne zuvor im südlichen Grönland Unterkünfte zu bauen und zu versuchen, dort sesshaft zu werden. Schon 862/63 gelangten sie auf dem Rhein bis Köln, zwanzig Jahre später nach Trier. Die Wikinger versetzten Schottland und die irische Insel, England und die Normandie in Angst und Schrecken.

Fügen wir noch hinzu, was oft „vergessen" wird: Sie trieben auch fleißig Handel. Fundstücke und Ausgrabungen beweisen es. So wie jener Hafen und Handelsort dänischer Wikinger in der Nähe der heutigen Stadt Schleswig. In alten westeuropäischen Chroniken wird er Haithabu genannt, ein blühender Umschlagplatz zwischen Westeuropa, dem norwegischen Kaupang und vor allem dem reichen schwedischen Birka. Von dort wurden über Gotland bis in die russischen Gebiete weitere rege Handelsbeziehungen geknüpft.

Doch was ist von ihnen und ihren Vorfahren in den skandinavischen Ländern bewahrt, was hat die Zeitläufe überdauert? Vielleicht der Wagemut und die Bereitschaft, außergewöhnliche maritime Projekte anzugehen. Viele der spektakulären Expeditionen der „modernen Wikinger" – man denke nur an die waghalsigen Fahrten Roald Amundsens, Otto Sverdrups, Fridtjof Nansens oder Thor Heyerdahls – wären, zu dieser Theorie

Kirkenes markiert den Wendepunkt der Postschiffe. In dem Ort gibt es nicht allzu viel zu sehen. Interessant ist der Ausflug zur russischen Grenze.

wollen wir uns an dieser Stelle versteigen, ohne die lange Geschichte Norwegens als Seefahrernation nicht möglich gewesen. Und auch die Einrichtung der „schnellen Route" gehört in die Linie seefahrerischer Großtaten der Nordländer.

Lange Fahrt durch die Stürme der Geschichte

Die Geschichte Norwegens wurde an den Küsten und Fjorden geschrieben. Von dort aus expandierten die Wikinger, und im Inneren gelang es erstmals König Harald Schönhaar nach der Schlacht am Hafrsfjord um 872 die von Wikingerhäuptlingen und -königen regierten Landesteile eine Zeitlang zu einigen. Doch erst mit Olav Haraldson, er setzte das Christentum endgültig durch und fiel 1030 in der Schlacht von Stiklestad, nahm die Einigung Gestalt an. Nach seinem Tod wurde er in Nidaros (dem heutigen Trondheim) heiliggesprochen, und zugleich begann man mit dem Bau des Domes. Die Christianisierung, verbunden mit der Errichtung von Bischofssitzen, brachte weitreichende Veränderungen der Machtverhältnisse mit sich und natürlich Umbrüche in der heidnischen Glaubenswelt der norwegischen Wikinger. In dieser Zeit entstanden hunderte von Stabkirchen. Ihre heidnischen und christlichen Symbole, die „nordische" Ornamentik an den Portalen, die Drachenköpfe an den Dächern und das Kreuz, spiegeln den lange währenden widersprüchlichen Prozess, das Schwanken zwischen dem neuen, einem einzigen christlichen Gott, und der althergebrachten, überlieferten und vertrauten Götterwelt.

Die Identitätsfindung der Norweger war ein langer Prozess, eine schmerzliche Historie, eine wechselvolle Geschichte der Macht- und Ränkespiele, in denen sich die Grenzen zwischen Norwegen, Schweden und Dänemark sowie die gegenseitigen Abhängigkeiten immer wieder verschoben und die Kirchen einen machtvollen Faktor darstellten. 1397 schlossen sich im schwe-

dischen Kalmar unter der Vorherrschaft Dänemarks die drei nordischen Staaten zusammen. Die Kalmarer Union mit Schweden galt bis 1521. Aber zwischen dem bestimmenden Dänemark und dem abhängigen Norwegen blieb sie bestehen, wobei die Norweger jegliche Souveränität und ihre Wirtschaftskraft einbüßten. 1807 verbündeten sich Dänemark und Norwegen mit Frankreich, um gegen die Engländer zu Felde zu ziehen. Und nach der Völkerschlacht 1813 bei Leipzig, als Napoleon, ihr wichtiger Verbündeter, geschlagen wurde, befanden sie sich auf der Verliererseite. Die Folge: 1814, im Frieden zu Kiel, musste Dänemark Norwegen an Schweden abtreten.

Und nun suchten die Norweger ihre Chance. Wenn schon nicht die Unabhängigkeit zu erlangen war, so schien doch wenigstens der Weg zu einer eigenen Verfassung frei. Über 100 Teilnehmer berieten mehrere Wochen lang auf einem Gutshof bei Eidsvoll. Am 17. Mai 1814 wurde sie auf einer „Reichsversammlung" beschlossen und auch gleich unterzeichnet. Ein gewichtiger Anlass, das Datum zum Nationalfeiertag zu erheben. 1905 löst das Parlament schließlich die Zwangsunion mit Schweden und erklärt die volle Souveränität Norwegens.

Wie hier am Solbergfjord in der Nähe von Finnsnes liegen oft Nebel oder dicke Wolkenbänke über Nordnorwegen. Trotzdem haben auch Schlechtwettertage ihren Reiz. Vor allem, wenn man im warmen Panoramasalon eines Hurtigruten-Schiffes sitzt.

Im Ersten Weltkrieg hatte das neutrale Land den Tod vieler Seeleute zu beklagen, und der Zweite Weltkrieg mit der Besetzung durch deutsche Truppen hinterließ empfindliche Zerstörungen. Vor allem aber forderte er erhebliche Opfer, besonders unter der Zivilbevölkerung.

Nach dem Krieg gibt Norwegen die Neutralität auf und tritt 1949 der Nato bei. Doch vor dem Eintritt in die EG scheute – nach der Jahrhunderte währenden Fremdbestimmung verständlich – über die Hälfte der Norweger in zwei Volksabstimmungen zurück.

Vermelden wir noch – selbst auf die Gefahr hin, Eulen nach Athen zu tragen oder, um das Sprichwort abzuwandeln, Öl nach Norwegen zu tragen – die größte wirtschaftliche Erfolgsstory. Die Bohrungen vor den Küsten des Landes nach Öl hatten Norwegen Reichtum und Wohlstand gebracht. Doch sicher wird auch weiterhin – trotz Öl- und Gasförderung – für die Norweger der Fisch und seine Verarbeitung ein wichtiger Industriezweig bleiben. Und natürlich der Tourismus.

Ein Erlebnis ist das An- und Ablegen der Schiffe in den insgesamt 34 Häfen der Passage. Die Hurtigruten-Schiffe transportieren neben den Passagieren auch Fracht und Autos.

Willkommen an Bord

Auch für Hurtigruten war der Tourismus schon immer ein wichtiger Faktor. Bereits 1894 erschienen die ersten Reisekataloge mit Hurtigrutenreisen in Frankreich und Großbritannien. Später kamen Reisende aus Deutschland dazu. Sie stellen mittlerweile, nach den Norwegern selbst, das größte Kontingent der Fahrgäste. Waren in den Anfangsjahren die Passagiere der unterschiedlichen Klassen noch strikt voneinander getrennt, sind heute fast alle Schiffsbereiche sowohl für Rundfahrtpassagiere als auch für Tagespassagiere gleichermaßen zugänglich. Zum Kapitänsempfang oder zum Besuch auf der Brücke werden allerdings in der Regel nur Rundfahrtgäste geladen.

Über Jahre wurde Hurtigruten vom norwegischen Staat subventioniert. Heute bekommt die Linie nur noch in der auslastungsärmeren Wintersaison Zuschüsse. Der norwegische Staat finanziert dann Arbeit und nicht Arbeitslosigkeit. In der Sommersaison aber müssen sich die Schiffe selber tragen. Als Konzession an die Touristen wird deshalb im Sommerfahrplan der Ort Geiranger angefahren, obwohl dies für die Versorgung des Ortes nicht notwendig wäre. Eine spektakuläre Fahrt. Doch nicht nur auf diesem Abstecher wird dem Reisenden eine Menge geboten, denn die Schiffe fahren dicht entlang der Küste. Der Seegang ist durch die vorgelagerten Inseln, die als „Wellenbrecher" fungieren, äußerst gering, und es gibt immer etwas zu sehen. Die wenigen offenen Passagen werden angekündigt und sind auch für „Landratten" ohne größere Probleme zu überstehen.

Ach ja, das Essen: An dieser Stelle sei der regelmäßige Besuch der Fitnessräume empfohlen, sonst könnte die mitgebrachte Kleidung nach der Tour stellenweise ein wenig eng werden. Die reichhaltigen Buffets mit jeder Menge Fisch und anderen Leckereien aus dem Norden sowie die schmackhaften À-la-carte-Menüs sind zu verführerisch. Internationale Spitzenweine, allerdings zu Spitzenpreisen, werden natürlich auch gereicht. Wer auf Alkohol verzichten kann, ist gut beraten. Die Schiffe haben eine Schanklizenz für Hochprozentiges. Die Preise für Bier, Wein und Spirituosen sind aber, wie überall in Norwegen, gepfeffert.

Wie und wann fahren?

Grundsätzlich gibt es zwei Arten, mit den Postschiffen zu fahren. Entweder absolviert man die komplette Rundreise von Bergen nach Kirkenes und zurück. Diese Tour bietet den größten Erholungswert und gibt dem Besucher das echte „Hurtigruten-Gefühl" und ist am besten schon zu Hause zu buchen. Oder man fährt nur einen Teilabschnitt und plant eine Fahrt zum Beispiel nach Geiranger oder auf die Lofoten als Baustein seiner Norwegenfahrt ein. Die Kurztour lässt sich auch vor Ort organisieren. Allerdings können dann, gerade wenn man mit dem eigenen Auto unterwegs ist, die Stellplätze im Schiff für die Autos ausgebucht sein, was mitunter zu längeren Wartezeiten führt. Sicherer ist eine rechtzeitige Reservierung. Als Tagespassagier ohne Fahrzeug kommt man in der Regel immer mit.

Wann lohnt eine Hurtigrutenfahrt am meisten? Im Sommer? Im Winter? Diese Frage ist nur schwer zu beantworten. Beide Jahreszeiten haben ihren Reiz. Im Sommer fahren die Schiffe im Licht der Mitternachtssonne gen Norden. Sie sind dann oft ziemlich ausgebucht; aber man genießt die herrliche Landschaft, ohne dass es dunkel wird. Die Fahrpreise sind in der Hauptsaison am höchsten.

Im Winter verändert die Landschaft ihren Charakter. Die Berghänge sind weiß gepudert. Die Sonne steht flach über dem Horizont, die Tage sind kürzer, die Schiffe leerer und die Rundfahrtpreise niedriger. Wer Glück hat, erlebt an Bord das unvergleichliche Spiel des Polarlichtes.

Der September taucht das Laub und die Pflanzen an den Fjordarmen in bunte Farben und im Mai – wenn in vielen Gegenden Südnorwegens die Obstbäume blühen – sieht die Strecke wieder anders aus. Bei schönem Wetter versammeln sich die Passagiere oft draußen auf dem Sonnendeck; im Winter oder bei Regen bietet der Panoramasalon Schutz vor Wind und Wetter. Und eigentlich ist es auch egal, welche Zeit und welches Schiff man wählt. Eine Passage mit Hurtigruten gehört zu den großen Reisen unserer Zeit. Und vielleicht ist sie ja wirklich die „schönste Seereise der Welt".

Seite 22/23:
Reine auf den Lofoten im Winterkleid. In dieser Jahreszeit kommen nur wenige Touristen in den hohen Norden.

Seite 24/25:
Eine Fahrt auf dem Geirangerfjord gehört zu einer Norwegenreise. Täglich verlassen mehrere Ausflugsboote den Ort Geiranger. Auch die Hurtigruten-Schiffe unternehmen einen Abstecher in diese wunderbare Gegend.

Eine elegante und einen Kilometer lange Brücke verbindet in Tromsø die Insel Tromsøya mit dem Festland. Den besten Ausblick auf die Stadt bietet der Hausberg Storsteinen, auf den die Fjellheisen-Seilbahn hinaufführt.

BILDERBUCHLANDSCHAFTEN –
DIE NORDGEHENDE TOUR

Bergen wurde um den Vågen, den historischen Hafen, gebaut. Die Schiffe der Hurtigruten können hier jedoch nicht anlegen. Die Fahrrinne ist nicht tief genug. Der neue Terminal liegt ein wenig außerhalb des Zentrums.

BILDERBUCHLANDSCHAFTEN –
DIE NORDGEHENDE TOUR

Ausgangs- und Endpunkt einer Hurtigrutenreise ist Bergen, die mit gut 250 000 Einwohnern zweitgrößte Metropole Norwegens. Viele Norweger sehen in ihr die schönste Stadt des Landes. Zugegeben, mit durchschnittlich gut 2500 Millimetern Niederschlag an knapp 250 Regentagen pro Jahr hat die Stadt, was das Wetter anbelangt, nicht unbedingt den besten Ruf. Aber trotz des oft schlechten Wetters lohnt ein extra Tag vor oder nach einer Hurtigrutenfahrt in Bergen. Nicht nur die berühmte, von der UNESCO zum Weltkulturerbe erklärte, Holzhauszeile Bryggen (das mittelalterliche Hanseviertel am Naturhafen Vågen) lädt zum Verweilen ein. Es sind auch die vielen anderen Sehenswürdigkeiten wie der berühmte Fischmarkt am Torget (Marktplatz), die Fahrt mit der Standseilbahn Fløibanen hinauf zu Bergens Hausberg Fløyen oder die Domkirche St. Olav, die Festung Bergenhus und die Marienkirche, die die Stadt unverwechselbar machen. Viele interessante Museen, schöne Geschäfte und gute Restaurants machen den Aufenthalt genauso zum Erlebnis, wie die einmalige Lage der Stadt.

Um 20.00 Uhr (im Winter um 22.30 Uhr) verlässt das Schiff den Hafen und durchfährt den Hjeltefjord. Die ersten Stopps in Florø und Måløy verschlafen die meisten Passagiere. Aber keine Sorge, die Häfen, welche auf der nordgehenden Tour in der Nacht angelaufen werden, sind auf der südgehenden Tour in der Regel am Tag zu erleben.

Die Festung Munkholmen liegt strategisch günstig vor der Hafeneinfahrt von Trondheim. Einst stand auf diesem Inselchen das Nidarholm-Kloster.

Wer allerdings in Ålesund an Bord bleibt, verpasst nicht nur den Aussichtspunkt auf dem Berg Aksla, er versäumt auch eine Gelegenheit, das ganz besondere Flair, das eine Architektur im Jugendstil auszustrahlen vermag, kennen zu lernen. Im 18. und 19. Jahrhundert erlebte Ålesund einen kometenhaften Aufstieg. Durch ihre günstige Lage besaß die Stadt bald einen der größten Fischereihäfen des Landes. Im Januar 1904 aber brannten in einem Großfeuer in einer Nacht über 800 Holzhäuser nieder. Mit internationaler Hilfe wurde Ålesund in Rekordzeit von nur drei Jahren im damals zeitgemäßen Jugendstil wieder aufgebaut.

Geirangerfjord

Von Ålesund macht unser Schiff – allerdings nur während des Sommerfahrplans – den berühmten Abstecher in den Geirangerfjord. Das Schiff durchpflügt zuerst das türkisfarbene Wasser des Stor- beziehungsweise des Sunnylvsfjords. Dann biegen wir in den circa zwölf Kilometer langen Geirangerfjord – eine Bilderbuchlandschaft Norwegens – ein. Wir passieren wunderschöne Wasserfälle wie die berühmten „Sieben Schwestern" oder den „Freier" und fahren an Bergbauernhöfen, die abenteuerlich auf Hängen bis zu 800 Meter über dem Wasser angelegt wurden, vorbei. Im Touristenort Geiranger werden die Passagiere ausgetendert, die den Ort besuchen wollen oder einen Überlandausflug zum Beispiel nach Molde gebucht haben. Am Kai stehen Busse bereit, die uns in die „Stadt der Rosen", so der Beiname von Molde, bringen sollen. Eine Attraktion dieser Fahrt sind die elf Haarnadelkurven des berühmten Trollstigen (Troll-Leiter). Auf der spektakulären Gebirgsstraße werden bei einem Gefälle von zwölf Prozent circa 800 Höhenmeter überwunden. Ein atemberaubendes Erlebnis.

Molde ist, verglichen mit anderen Städten Norwegens, klimatisch verwöhnt. Der Ort liegt im Schatten der Romsdal-Alpen. Auf der Seeseite schirmen zahlreiche Inseln Molde vor den kalten Winden des Atlantik ab. In diesem vergleichsweise milden Klima begannen die Einwohner Rosen zu züchten und hatten damit prächtigen Erfolg. Die schönen und gepflegten Gärten in den Vorstädten sowie die vielen, auf öffentlichen Plätzen angelegten Rosenrabatten zeugen davon, dass Molde seinen Beinamen nicht zu Unrecht trägt.

Königsstadt

Der Höhepunkt des dritten Tages ist unzweifelhaft die alte Königsstadt Trondheim. Am frühen Morgen läuft das Postschiff in Norwegens ehemaliger Hauptstadt ein. Der Landgang ermöglicht uns, den Nidaros-Dom zu besichtigen. Mit 102 Metern Länge und 50 Metern Breite ist er der größte gotische Sakralbau Norwegens, der unter anderem auch die norwegischen Kronjuwelen beherbergt. Weitere Sehenswürdigkeiten dieser historisch interessanten Stadt sind der erzbischöfliche Palast und die alten, auf Holzpfählen gebauten Speicherhäuser am Nidelv.

Nach der Ausfahrt aus dem Hafen passiert das Schiff Munkholmen, eine kleine Insel im Trondheimfjord, die für viele Einheimische ein beliebtes Ausflugsziel ist. Die Anlage fungierte abwechselnd als Kloster, Festung und als Staats-

Hurtigruten-Schiffe halten sich wie hier im Storfjord meist dicht an der Küste. So gibt es immer etwas zu schauen – sowohl für Passagiere als auch für „Landurlauber".

gefängnis und zeugt von einer bewegten Vergangenheit. In den nächsten Stunden durchfahren wir eine wunderbare Insel- und Schärenlandschaft, die vor allem bei gutem Wetter ihren Reiz entfaltet und in der knapp 100 Meter engen Passage des Stokksunds ihren Höhepunkt findet. Bei schlechtem Wetter ist die 90-Grad-Backbord-Kurve am Scheitelpunkt des Sunds heute noch eine navigatorische Herausforderung.

Am Abend ist Rørvik erreicht, wo zeitgleich das südgehende Hurtigruten-Schiff in den Hafen kommt. Dieses können Hurtigruten-Passagiere selbstverständlich besichtigen. Empfehlenswert ist aber ebenso der Besuch des Küstenkulturzentrums „Norveg". Das moderne Museum beherbergt eine interessante Ausstellung über das Leben an der Küste. Auch architektonisch hat das Gebäude eine Menge zu bieten. Der Neubau des Architekten Guðmundur Jónsson (ein Isländer) direkt am Wasser wurde 2004 eröffnet und hat internationale Architekturpreise eingeheimst.

Polarkreis

Am Morgen des nächsten Tages überqueren wir zwischen Nesna und Ørnes den Polarkreis, jene imaginäre Linie auf 66°33'51". Neptun persönlich hat sich angesagt, um später am Tag eine zünftige Polarkreistaufe vorzunehmen. In den Sommermonaten besteht an diesem Tag außerdem die Möglichkeit, einen Bootsausflug zum Gletscher Svartisen, der zweitgrößten Eismasse des Landes, zu unternehmen. Wer lieber an Bord bleibt, reist am mächtigen Børvass-Bergpanorama vorbei nach Bodø. Hier verlässt unser Hurtigruten-Schiff für etwa drei Stunden die schützende Küste, um über eine der sogenannten offenen Passagen die fantastische Inselwelt der Lofoten zu erreichen. Wenn die gewaltige, bis zu 1000 Meter hohe Lofotwand auftaucht, haben wir den Landegodefjord verlassen und erreichen über den Westfjord Stamsund und wenig später Svolvær, die größte Stadt des Archipels. Leider bleibt auf der nordgehenden Tour nur wenig Zeit, um sich einen Eindruck von den schönen Fischereihäfen mit ihren pittoresken roten Fischerhütten, die „Rorbuer" heißen, und den markanten Gestellen, auf denen in der Fangsaison der berühmte Stockfisch trocknet, zu verschaffen. Auf der Südtour werden wir mehr Gelegenheit haben, diese fantastische Landschaft zu erkunden. Nachts durchfahren wir den berühmten Raftsund (auch diesen werden wir auf der südgehenden Tour am Tag erleben) und machen einen kurzen Stopp in Harstad auf den Vesterålen.

Molde liegt im Schatten der Romsdal-Alpen, weshalb in der Stadt ein vergleichsweise mildes Klima herrscht. Zusätzlichen Schutz bietet auf der Seeseite der von hohen Bergen gerahmte Moldefjord.

Über Finnsnes erreichen wir schließlich Tromsø, das immer wieder als das „Paris des Nordens" bezeichnet wird. Zu diesem Vergleich wollen wir uns nicht versteigen. Allerdings hat die Stadt tatsächlich, vor allem in der Zeit der acht Wochen dauernden Zeit der Mitternachtssonne, einen unverwechselbaren Charme – den Charme von Tromsø. Wurden die meisten Orte des Nordens während des Krieges stark zerstört, blieb Tromsø dieses traurige Schicksal erspart, wenn auch Kampfhandlungen ganz in der Nähe stattfanden, denn 1944 wurde hier der deutsche Panzerkreuzer „Tirpitz" versenkt. Tromsø ist eine bunte Stadt, mit vielen Holzhäusern und mehreren Kirchen. Und dies, obwohl 1969 zahlreiche kostbare Zeugnisse schöner Hausbaukunst abbrannten. Tromsø hat einen modernen Flughafen und die nördlichste Universität der Erde. Die knapp 68 000 Einwohner leben von Dienstleistungen, dem Hafen, vom Fischfang und Schiffsbau. Das Wunderbare ist jedoch die schöne Umgebung, in die sich die Stadt organisch einfügt. Kein hässliches Hochhaus stört das idyllische Bild. Und auch die Eismeer-kathedrale zeigt, welch architektonische Kunstwerke aus nüchternem Beton zu zaubern sind. Seit 1985 ist dieser moderne Eisberg zu einem Wahrzeichen der Stadt geworden.

Nordkap

Der sechste Tag ist dem Nordkap vorbehalten. Von Honningsvåg bringen uns Busse in knapp zwei Stunden auf einem extra zu bezahlenden Ausflug zum vermeintlich nördlichsten Punkt Europas. Diese Tour wird sowohl auf der nord- als auch auf der südgehenden Tour angeboten und ist eine der bequemsten Möglichkeiten, das Nordkap zu erleben.

Das Nordkap liegt auf der Insel Magerøya und ist für Selbstfahrer nach einer über 2100 Kilometer langen Anfahrt (das ist die Distanz von Oslo zum Nordkap ohne Abstecher) durch einen 6,8 Kilometer langen Tunnel vom Festland aus zu erreichen

(Achtung: Maut und Aufenthaltsgebühr). Honningsvåg liegt bereits auf der „mageren Insel", so die Übersetzung von Magerøya, und bietet sich dadurch als idealer Ausgangsort für die Exkursion im Rahmen einer Hurtigruten-Reise an.

Die Schiffe passieren im Übrigen nicht das Nordkap. Sie wählen die geschützte Strecke durch den Magerøysund entlang der Südküste der Insel. Leider verhüllt oft Nebel die Sonne, auch kann man das Nordkap-Plateau nicht genau um Mitternacht besuchen (die Ausflüge kommen am Morgen dort an). Immerhin, „man war dort". Und ein Erlebnis ist es zu jeder Tages- oder „Nacht-zeit", selbst wenn sich Busse und Autos auf dem Parkplatz mitunter die Plätze streitig machen. Man hat Zeit zum Schauen und orientiert sich, denn das eigentliche, das geografische Nordkap, ist nicht der eindrucksvolle Felsen mit der stilisierten Weltkugel, sondern die etwa fünf Kilometer westlich gelegene Halbinsel.

24 Stunden später ist Kirkenes, der Wendepunkt unserer Reise, erreicht. Wer nur die halbe Rundreise gebucht hat, wird von hier in der Regel mit dem Flugzeug zurückfliegen.

Seite 32/33:
Für viele Norweger ist Bergen die heimliche Hauptstadt ihres Landes. Erbaut im Schatten von mehreren Bergen (daher der Name), erlebte die Stadt schon im 13. Jahrhundert ihre erste Blütezeit.

Von Svolvær startet der Ausflug durch die wunderbare Inselwelt der Lofoten. Die Einfahrt in den Hafen ist immer ein Ereignis.

Was das Wetter anbelangt, hat Bergen einen schlechten Ruf. Im Jahresdurchschnitt gibt es circa 250 Regentage. Bei schönem Wetter wird das Holzhausviertel Bryggen zur Festmeile.

Mariakirken, die Kirche der Hanseaten, hieß früher Deutsche Kirche. Ihr Grundstein wurde im Jahr 1130 gelegt. Sie wurde nach dem Vorbild des Doms von Speyer errichtet.

Der Bau der Festung Bergenhus wurde von König Håkon Håkonsson im 13. Jahrhundert in Auftrag gegeben. Damals war Bergen Königssitz.

Bryggen in Bergen. Die sorgfältig renovierten alten Hansehäuser wurden von der UNESCO zum Weltkulturerbe erklärt.

Seite 36/37: Die Festung Bergenhus ist seit dem 13. Jahrhundert eine weithin sichtbare Landmarke für Schiffe, die Bergen anlaufen. An strategisch günstiger Stelle erbaut, schützte sie natürlich auch Hafen und Stadt. Heute ist die Anlage eine der Hauptsehenswürdigkeiten Bergens.

35

Die Håkonshalle in der Festung Bergenhus wurde eigens für die Feste von König Håkon Håkonsson gebaut und im Jahr 1261 eingeweiht. 1944 zerstörte eine Explosion den Saal. Er wurde aber originalgetreu wieder aufgebaut.

Rechts:
Im interessant gestalteten Hanseatischen Museum kann der Besucher unter anderem auch einen Eindruck vom Privatleben der Hanseaten bekommen.

Ganz rechts:
Die Tür führt in den Rosenkrantz-Turm, der von dem Stadthauptmann Erik Rosenkrantz im 16. Jahrhundert zu Wehrzwecken in Auftrag gegeben wurde und zum Ensemble der Festung Bergenhus gehört.

In den Räumen der
Schotstuene trafen
sich die – unverheira-
teten – Handelsleute
aus Deutschland,
die in diesem Teil von
Bryggen ihre Schulen,
Speise- und Ver-
sammlungsräume
unterhielten.

Der Besuch des
Hanseatischen
Museums von
Bergen ist ein
Schlechtwetter-Tipp.
In der Ausstellung
wird viel über Leben
und Arbeit der
Hanseaten vermittelt.

Gamle Bergen liegt heute außerhalb des Zentrums. Bei der modernen Stadtplanung waren über 40 Holzhäuser aus dem 18. und 19. Jahrhundert im Weg.

Die schönen Gebäude der ehemaligen Altstadt wurden aber nicht abgerissen, sondern vorsichtig demontiert und an dieser Stelle originalgetreu wieder aufgebaut.

Bergen ist verkehrstechnisch sehr gut an den Rest des Landes angeschlossen. Durch die fast fährfreie Reichsstraße 13 (E16) ist sie gut mit Oslo verbunden. Die Stadt kann auch per Eisenbahn – die Verbindung zwischen Bergen und Oslo ist eine der schönsten Europas – und natürlich mit dem Flugzeug bzw. dem Schiff erreicht werden.

Immer mehr Norweger errichten in der reizvollen Umgebung von Bergen ein Wohnhaus. Durch den Zuzug sind die Preise für Baugrundstücke gestiegen.

Von Bergen bietet sich ein Ausflug zur Edvard-Grieg-Villa bei Troldhaugen an.

Rechts:
Der berühmteste norwegische Komponist besaß in verschiedenen Gegenden Norwegens „Komponistenhütten".

Ganz rechts:
Grieg (1843–1907) lebte vor allem in Oslo, Kopenhagen, Leipzig und hier auf seinem Gut bei Bergen, wo er sich nach seinem Tod gemeinsam mit seiner Frau beisetzen ließ.

Rechts:
Die gewaltige Natur sowie die Menschen Norwegens inspirierten Grieg zu einigen seiner schönsten Kompositionen.

Eine der bekanntesten
Kompositionen
Edvard Griegs sind
die berühmten Peer-
Gynt-Suiten, eine
Vertonung des gleich-
namigen Theater-
stücks von Henrik
Ibsen.

Das Arbeitszimmer
in der „Komponisten-
hütte". Schon zu
Lebzeiten war
Grieg ein gefeierter
und wohlhabender
Komponist.

Seite 44/45:
Hier beginnt die Fahrt
der Hurtigruten-
Schiffe: im Heimat-
hafen von Bergen,
der zweitgrößten
Stadt Norwegens.

43

Am Hurtigruten-Terminal in Bergen startet und endet für die meisten Passagiere ihre Fahrt. Der Bus vom Flughafen hält direkt vor dem neuen Gebäude.

Check-in- und Wartehallen ähneln denen eines Flughafens. Nachdem die Reisedokumente kontrolliert wurden, transportiert ein Förderband das Gepäck ins Innere des Schiffs.

Die Passagiere der
südgehenden Tour
verlassen am
Endpunkt „Bergen"
das Schiff.

Das Gepäck der
neuen Passagiere
wird mit Handwagen
auf die Kabinen
gebracht.

47

*Das südgehende
Schiff erreicht Bergen.
Gegen 14.00 Uhr
legt das Fahrzeug an.
Bis zur nächsten
Abfahrt bleiben circa
acht Stunden, um
das Schiff zu reinigen
und neu zu beladen.*

*Der neue Terminal
liegt dichter am
Zentrum der Stadt.
Früher mussten die
Passagiere zu einem
weiter entfernten Kai
gebracht werden.*

Die Passagiere steigen über einen extra „Finger" zu, eine verglaste Passagierbrücke, die im regenreichen Bergen das trockene Einsteigen garantiert.

„Leinen los!" Jetzt kann die zwölf Tage dauernde „Rundfahrt" von Bergen nach Kirkenes und zurück beginnen.

Keine Langweile –
Tagesablauf an Bord

Guten Tag meine Damen und Herren. Das nordgehende Hurtigruten-Schiff MS Midnatsol ist nun zur Abfahrt bereit. Wir bitten die Tagesbesucher, das Schiff zu verlassen. Unser nächster Hafen ist Florø, den wir etwa um 2.00 Uhr erreichen."

Mit dieser Durchsage, die vorher schon in Norwegisch und Englisch gehalten wurde, beginnt unsere Reise in den hohen Norden. Bald sind die Leinen gelöst und pünktlich, um 20.00 Uhr Ortszeit, legt die MS Midnatsol vom schicken neuen Hurtigruten-Terminal in Bergen ab. 1250 Seemeilen bis zum Wendepunkt Kirkenes an der russischen Grenze, 34 Häfen und eine der schönsten Seereisen der Welt liegen vor uns. In fünfeinhalb Tagen werden wir den hohen Norden erreicht haben und dann dieselbe Strecke zurückfahren. Erfreuliches ‚Timing‘: Die Schiffe laufen auf der südgehenden Tour die Häfen zu anderen Tageszeiten an.

Mitte:
Erholung wird an Bord groß geschrieben. Egal ob an Deck oder im Panoramasalon – ein ruhiges Plätzchen lässt sich immer finden.

die Ausfahrt aus Bergen will natürlich auch niemand verpassen. Überhaupt werden wir in den nächsten Tagen nur sehr wenig Zeit in der Kabine verbringen. Bei schönem Wetter sind wir auf den Sonnendecks und lassen die Landschaft an uns vorbeiziehen. Bei Regen oder Wind suchen wir uns einen Platz in den großzügigen Panorama-Salons. Wir lesen, schwatzen mit anderen Fahrgästen oder hängen einfach unseren Gedanken nach. Schon nach kurzer Zeit fallen Hast und Hektik von uns ab. Wir nehmen den Rhythmus des Schiffes auf, das uns mit konstant 16 Knoten in Richtung Norden trägt.

Bordroutine

In den nächsten Tagen stellt sich Bordroutine ein. Die meisten Passagiere sind vor 8.00 Uhr auf den Beinen. Rundfahrtgäste bekommen im Restaurant immer denselben Esstisch zugewiesen. Ausnahme ist das Frühstück. Hier herrscht freie Platzwahl. Um einen reibungslosen Ablauf bei den Mahlzeiten zu gewährleisten, wird in „Schichten" gegessen. Wir wählen den letzten Durchgang, denn vom Frühstück sind wir noch lange satt. Am Abend folgt ein weiteres mehrgängiges Menü. Diesmal à la carte. Eine Hurtigrutenfahrt bedeutet auch zwölf Tage Vollverpflegung mit allerlei nordischen Spezialitäten und Leckereien. Zum Abnehmen ist die Fahrt nur bedingt geeignet.

Nach dem Frühstück folgt der obligatorische Blick auf die in vier Sprachen ausgehängten „News". Mit einem Tag Verzögerung berichtet die „Hurtigrutenpostille" über Neuigkeiten im In- und Ausland. Und noch zwei weitere Informationen gilt es einzuholen. Den Wetterbericht (an der Rezeption oder im Schaukasten) und den heutigen Streckenverlauf (auf dem kostenlosen Merkblatt). Hier ist genau aufgelistet, welche Häfen wann angelaufen werden, welche Sehenswürdigkeiten auf der Strecke zu erleben sind und was für Ausflüge anstehen. Die meisten Passagiere haben sich aber schon vorher anhand von Bildbänden oder Reiseführern über die Eckdaten informiert und die wichtigsten Ausflüge gebucht. Informationen erhält man immer auch bei der mehrsprachigen Reiseleitung, die jedes Hurtigruten-Schiff begleitet.

Oben:
Die meisten Schiffe sind mit Fitness-räumen ausgestattet. Sportliche Naturen brauchen nicht auf Bewegung zu verzichten.

Das Check-in verlief problemlos. Wir bekamen eine Magnetkarte ausgehändigt, die unseren Namen trägt: Bordkarte und „Kabinenschlüssel" in einem. Beim Landgang werden wir mit ihr über ein elektronisches System aus- und einchecken. Anfangs hilft die Crew, die freundlich und routiniert ihren Dienst tut. Ein Förderband transportiert unser Gepäck in den Bauch des Schiffes. Von dort verteilen Gepäckträger die Reisetaschen auf die Kabinen.

Normalerweise soll jetzt das Abendessen eingenommen werden. Aber zuerst muss das Schiff inspiziert werden, und

Natur und Landschaft

Natur und Landschaft stehen im Mittelpunkt einer Hurtigruten-Reise. Darum wird auch ganz bewusst auf Animationsprogramme verzichtet. Die wichtigsten Sehenswürdigkeiten werden rechtzeitig noch einmal über den Bordfunk annonciert. Oft besteht für die Rundfahrtpassagiere die Möglichkeit, der Brücke einen Besuch abzustatten. Dies ist aber nicht selbstverständlich. Betont seien an dieser Stelle noch einmal die legeren Umgangsformen an Bord. Auf Ballkleid und Smoking kann bei einer Rundfahrt getrost verzichtet werden. Trotzdem sollte man sich, was die Kleidung betrifft, vor allem bei den Mahlzeiten an einen gewissen Mindeststandard halten und dort nicht in Sportbekleidung oder Badelatschen erscheinen. Für die Ausflüge und den Aufenthalt an Deck empfiehlt sich funktionelle Kleidung nach dem Zwiebelprinzip. Mütze und Handschuhe gehören selbst bei Sommerfahrten mit ins Gepäck. Wer lieber an Bord bleibt, stöbert in der Bibliothek, entspannt in der Sauna oder trimmt sich im Fitnessraum. Familien mit Kindern finden ein nett ausgestattetes Spielzimmer. Und dann gibt es ja noch die Boutique, die Cafeteria und den Rauchersalon … Und der nächste Hafen ist nie weit. Langeweile – Fehlanzeige.

Links:
Meisterköche und zahlreiche versierte Helfer sorgen für das leibliche Wohl der Passagiere.

Unten:
Drängeleien und lange Wartezeiten in den Restaurants gibt es auf den Hurtigruten-Schiffen nicht. Zu den Stoßzeiten wird in unterschiedlichen Durchgängen gegessen.

Ganz unten:
Von der Brücke kommt der Befehl zu einer Rettungsübung. Der im Liniendienst (bisher nie eingetretene) Ernstfall einer Evakuierung wird von der Crew geprobt. Die Passagiere sind eingeladen, sich an der Übung zu beteiligen.

Wer steigt aus und wer steigt zu? Welche Fracht wird geladen? Hurtigruten-Passagiere sitzen in der ersten Reihe.

Panoramasalons, die verschiedenen Decks sowie Bars und Lounges sind für alle Passagiere geöffnet. Beim Interieur der Schiffe wurde viel Wert auf Details gelegt. Hier ein Gang auf der MS Midnatsol.

Ein beliebter Aufent-
haltsort der Passagiere
sind die großzügigen
Panoramadecks.
Die Fenster reichen
oft über zwei Etagen.

Großzügig und
modern zeigen sich
Empfangshallen und
Rezeption in den
Hurtigruten-Schiffen
der neuesten
Generation.

Wer die Papagei-
taucher auf der
Vogelinsel Runde
sehen möchte, muss
in Ålesund oder
Måløy seine Reise
unterbrechen. Ein
Besuch empfiehlt sich
besonders von Mai
bis Juli. Dann kom-
men die Seevögel zum
Nisten an Land.

Papageitaucher bauen
bis zu einem Meter
tiefe Nisthöhlen.
Dazu benötigen sie
die weicheren oberen
Gras- und Sand-
schichten auf einem
Vogelfelsen.

Die circa 150 Ein-
wohner von Runde
sind sehr gastfreund-
lich. Man versucht,
Naturschutz und
Tourismus unter
einen Hut zu bringen.

Mit ungefähr
180 000 Seevögeln
ist Runde der dritt-
größte Vogelfelsen
Norwegens und
gleichzeitig der am
leichtesten zugängliche.

Seite 56/57:
Auch im Winter hat
eine Hurtigruten-
Fahrt ihren Reiz. Der
Hafen von Måløy ist
einer der ersten, der
auf der nordgehenden
Tour angelaufen wird.

Torvik ist zu so früher Stunde noch nicht auf Besucher eingestellt. Der Hafen des kleinen Dorfes markiert auf der nordgehenden Tour den dritten Hurtigruten-Stopp.

Passagiere in den Minisuiten im Bugbereich aufgepasst: Bei einer Wintertour bitte den Eiskratzer nicht vergessen!

Den Ort Florø
erleben Hurtigruten-
Passagiere am zwei-
ten und am zwölften
Tag der Rundreise.
Die Attraktion des
Ortes ist das Küsten-
museum.

Florø, Måløy und
Torvik, die drei ersten
Häfen auf der nord-
gehenden Tour, ver-
schläft man meistens.
Sie werden in der
Nacht bzw. am frühen
Morgen angelaufen.

In der Nacht ist
Schnee gefallen. Auch
im Winter entfaltet
Ålesund seinen
Charme.

Ålesund ist das
Wirtschafts- und
Dienstleistungs-
zentrum der
Sunnmøre-Region.
Heute noch ist die
Jugendstil-Stadt ein
wichtiger Umschlag-
hafen für Stockfisch.

Zur Zeit des Winterfahrplans bleibt genügend Muse für einen ausgiebigen Bummel durch Ålesund. Im Sommer ist die Liegezeit der Hurtigruten-Schiffe allerdings verkürzt, denn von hier startet der berühmte Abstecher in den Geirangerfjord.

Der Winteraufstieg zum Aussichtsberg Aksla über Ålesund kann zu einem kleinen Abenteuer werden. Die Stufen und Wegweiser sind kaum noch zu erkennen.

Großes Bild:
Den schönsten Ausblick auf Ålesund hat der Besucher vom Hausberg Aksla. 1904 fielen hier 800 Holzhäuser einem Brand zum Opfer, doch in einer Rekordzeit von drei Jahren erstrahlte die Stadt in neuem Glanz, nun im zeitgemäßen Jugendstil.

Kleine Bilder links:
Ålesund ist berühmt für die im Jugendstil errichtete Innenstadt. Nach dem Brand von 1904 orientierten sich die Stadtplaner am Trend der damaligen Zeit, dem Jugendstil. Außerdem war es per Erlass nicht mehr gestattet, die sonst in Norwegen üblichen Holzhäuser zu bauen. Die neuen Gebäude durften nur noch aus Stein errichtet werden.

Seite 64/65:
Eine Norwegenreise ohne einen Abstecher in den Geirangerfjord ist kaum denkbar. Natürlich wissen auch Hurtigruten, was sie ihren Passagieren schulden. In der Zeit des Sommerfahrplans wird extra ein Abstecher in diese wunderschöne Gegend unternommen.

Linke Seite:
Einen fantastischen
Blick auf die Sieben
Schwestern, einen
beeindruckenden
Wasserfall im
Geirangerfjord, hat
man vom Berg-
bauernhof Skageflå.

Ein Hurtigruten-
Schiff fährt in den
Geirangerfjord hin-
ein. Zuvor konnten
die Passagiere die
Landschaft am
Sunnylvsfjord und
am Storfjord erleben.

Die MS Trollfjord
durchpflügt das
Wasser des
Sunnylvsfjords. Die
Schiffe fahren mit
einer Geschwindigkeit
von circa 16 Knoten.
Das sind ungefähr
30 km/h.

Beliebt sind Boots-
ausflüge auf dem
Geirangerfjord.
Hurtigruten-Passa-
giere bekommen dieses
Erlebnis inklusive.

Zwischen Hjellesylt
und Geiranger bleibt
niemand in der
Kabine. Wenn das
Wetter mitspielt,
bietet sich die
Gelegenheit zu einem
Sonnenbad.

Im Bug des Schiffes haben die Passagiere den besten Ausblick auf die fantastischen Wasserfälle. Neben den Sieben Schwestern ist auch der Freier ein imposantes Naturschauspiel.

Bei schönem Wetter spielt sich das Leben der Passagiere zum großen Teil auf Deck ab. Kein Wunder bei der Kulisse, die der Geirangerfjord zu bieten hat.

Geiranger lebt vom
Tourismus. Und das
nicht schlecht. Es gibt
kein produzierendes
Gewerbe. Der Ort
kann auch auf dem
Landweg über spek-
takuläre Gebirgs-
straßen erreicht
werden.

Der Ort Geiranger
am Ende des gleich-
namigen Flusses
ist einer der meist-
besuchten und leider
auch teuersten Plätze
Norwegens.

Wer sich von Süden
Geiranger nähert,
passiert das türkis-
farbene Wasser des
Strynsvatnet bei
Hjelle.

Bei Hjellesylt legt
mehrmals täglich
die Autofähre nach
Geiranger ab.
Sie befährt dieselbe
Strecke (allerdings
umgekehrt), wie das
Ausflugsboot, welches
von Geiranger ablegt.

Ein Kammwanderweg führt von Geiranger zum Bergbauernhof Skageflå. Wer von der Fjordseite mit dem Boot kommt, muss eine steile Treppe hinaufsteigen.

Wer länger in Geiranger verweilen will, kann schöne Tageswanderungen unternehmen, unter anderem zu dem hintergehbaren Wasserfall Storseterfossen.

72

Im schön erhaltenen
Gehöft der Heraldsetra
auf dem Weg von
Geiranger nach
Molde wird ökolo-
gische Viehhaltung
betrieben. Besucher
sind willkommen.

Auf dem Hof von
Heraldsetra wird die
Arbeit zum größten
Teil ohne Maschinen
erledigt. Ein kleines
Café lädt zum
Verweilen ein.

Rosen und Gletscher –
die besten Landausflüge

Um es gleich vorweg zu sagen: Eine Hurtigruten-Reise ist auch ohne Zusatzprogramm erlebnisreich. Für Reisende aber, die Norwegen noch intensiver kennen lernen wollen, steht ein umfangreiches Ausflugsangebot zur Verfügung. Die Palette reicht von Stadtführungen über Konzerte bis zu Schneescooter-Fahrten. Wichtig: Wegen der zum Teil erheblichen Unterschiede zwischen den Touren im Sommer- und im Winterfahrplan sollten vor der Reise unbedingt aktuelle Informationen beim Spezialisten eingeholt werden. Außerdem gibt es jährlich geringfügige Änderungen im Ausflugsprogramm, weshalb es sich lohnt, den jeweiligen Ausflugskatalog rechtzeitig zu bestellen.

Die Fahrt von Geiranger nach Molde beispielsweise können wir nur von Ende Mai bis Mitte September buchen (nordgehende Tour). Nach der Passage durch den Geirangerfjord booten wir mit „Mini-

Mitte:
Der Ausflug nach Andenes wird nicht von Hurtigruten angeboten. Um die Pottwale zu besuchen, muss der Passagier in Risøyhamn auf den Vesterålen seine Reise unterbrechen und mit Bussen oder dem Auto weiterfahren.

Oben:
Die von Hurtigruten angebotenen Landausflüge sind perfekt organisiert. Ein Bus wartet am Kai, um die Passagiere aufzunehmen. Im nächsten Hafen erreicht der Ausflugsbus dann wieder das Schiff.

fähren“ aus. Am Kai stehen Busse bereit, die schon bald das erste Mal am Ørneveien, dem Adlerblick oberhalb Geirangers, halten. Hier öffnet sich ein fantastischer Blick tief in den Fjord hinein. Bei Linge setzen wir unsere Tour in Richtung Valldal fort, um eine der spektakulärsten Gebirgsstraßen Europas kennen zu lernen, die in den Haarnadelkurven des Trollstigen, der „Trollleiter“, ihren Höhepunkt hat. Unser Fahrer ist gut ausgebildet, und die Bremsen der Busse werden regelmäßig überprüft. Trotzdem ist eine gewisse Erleichterung bei den Insassen festzustellen, als wir wieder lieblicheres Gelände erreichen. Der Ausflug schließt mit einer Rundfahrt in Molde, der „Stadt

der Rosen“, und einem Abendessen, bevor wir wieder auf unserem Hurtigruten-Schiff, das in der Zwischenzeit Molde erreicht hat, einchecken. Etwas mehr als 100 Euro, pro Person versteht sich, sind für dieses Abenteuer zu berappen.

Schwarzes Eis

Kaum billiger ist die Fahrt zum Svartisen-Gletscher, dem zweitgrößten Norwegens. Von Anfang April bis Anfang Oktober wird sie auf der Nordtour angeboten. Der Gletscher liegt fast auf dem Polarkreis und ist eine der Top-Attraktionen des Landes. Kurz vor Ørnes steigen wir vom Hurtigruten-Schiff in ein kleineres Boot, das uns durch schmale Meerengen bis zum Pavillon bei Engabreen bringt. Eine knappe Stunde Aufenthalt ist an diesem Aussichtspunkt eingeplant. Der Name „Schwarzeis-Gletscher“ wurde geprägt, weil bei einem bestimmten Einfallswinkel der Sonne das Eis dunkel schimmern soll. So weit die Theorie. Bei unserem Besuch funkelt der Gletscher in verschiedenen Blau- und Grautönen. Auch ein wunderbarer Anblick. Busse bringen uns später über den schönen Kystriksveien in Richtung Norden. Bei Bodø haben wir noch Gelegenheit, den Saltstraumen, jenen gewaltigen Gezeitenstrom, der sogar der mächtigste der Welt sein soll, zu besichtigen.

Ein Ausflug, der ganzjährig stattfindet, führt auf der Nord- und auf der Südroute von Honningsvåg zum Nordkap. Mit 71°10'21" werden die circa 300 Meter hohen Felsenklippen immer wieder als „nördlichster Punkt Europas“ bezeichnet. Der Name geht auf den englischen Seefahrer Richard Chancellor zurück, der 1553 glaubte, die Nordspitze des Kontinents gefunden zu haben. Heute wissen wir, dass Spitzbergen noch nördlicher liegt, und auf der Nordkapinsel Magerøya ist die Halbinsel Knivskjellodden mit 71°11'09" nördlicher Breite dem Kap vorgelagert. Aber genug der geografischen Spitzfindigkeiten. Selbst wenn wir auf einer Hurtigrutenfahrt nicht das Licht der Mitternachtssonne erleben können (wir erreichen das Kap am frühen Morgen), ist dieser „magische Punkt“ mit dem stilisierten Globus und der Nordkaphalle – Ziel tausender Nordlandfahrer – einen Besuch wert.

Hunde und Architektur

Weitere lohnenswerte Ausflüge auf der südgehenden Tour sind die Busausflüge „Inselwelt der Vesterålen" (ganzjährig) und „Inselwelt der Lofoten", die von Svolvær über das malerische Städtchen Henningsvær nach Stamsund (ab Mitte April) führt. Auf beiden Fahrten sind nicht nur spektakuläre Landschaften zu sehen, es wird auch Wissenswertes über die Geschichte und Besiedlung dieser Inselgruppen vermittelt. Erwähnt seien noch die schönen Mitternachtskonzerte in der Eismeerkathedrale von Tromsø. Familien mit Kindern werden die Besuche bei den Schlittenhunden schätzen (auch in Tromsø). Wer sich für Architektur interessiert, kommt bei den geführten Touren durch Trondheim und Ålesund auf seine Kosten. Alle Ausflüge können schon zu Hause gebucht werden, was sich besonders in der Hauptreisezeit empfiehlt. Oft besteht aber ebenso die Möglichkeit, sich kurzfristig vor Ort zu entscheiden. Um alle Touren zu beschreiben, fehlt der Platz. Und schließlich muss jeder selbst entscheiden, wie oft er sein Hurtigruten-Schiff verlässt. Denn wir erinnern uns: Wer einfach „nur" an Bord bleibt, macht nichts verkehrt.

Links:
Der Pottwal ist der größte Zahnwal der Erde. Auf einer Walsafari im Eismeer, die von Andenes startet, kann man ihm mit über 90-prozentiger Sicherheit begegnen.

Unten:
Empfehlenswert ist der Ausflug zum Svartisen-Gletscher. Ein kleines Boot bringt die Passagiere nahe an eine Gletscherzunge des zweitgrößten Gletschers Norwegens heran.

Ganz unten:
Der Ausflug zum Nordkap kann ganzjährig sowohl auf der nord- als auch auf der südgehenden Tour unternommen werden.

Linke Seite:
Die Fahrt über die
schmale und „hals-
brecherische" Troll-
stigen-Straße bringt
so manchen Busfahrer
oder Wohnmobil-
Piloten ins Schwitzen.
Für PKW- oder
Motorrad-Fahrer bieten
die elf Serpentinen
Fahrspaß pur.

Eine Mautstraße
führt zum Aussichts-
punkt Dalsnibba.
Hier öffnet sich ein
Panoramablick auf
den Geirangerfjord.

Trollstigen, die
Trollleiter, kann
im Rahmen eines
Hurtigruten-
Landausfluges
(Überlandfahrt
Geiranger – Molde)
„erfahren" werden.

Die Einwohner von Molde leben unter anderem vom Hafen, von Dienstleistungen und von der Universität. Im Hafen liegen das nord- und südgehende Hurtigruten-Schiff für ein paar Minuten nebeneinander.

Die Einwohner von Molde freuen sich über ein verhältnismäßig mildes Klima. Der Grund für die angenehmen Temperaturen und die geringeren Niederschläge sind die Romsdal-Alpen, in deren Schatten Molde liegt.

Zusätzlichen klimatischen Schutz bietet auf der Seeseite der von hohen Bergen gerahmte Moldefjord.

Molde ist seit der Gründung der Universität 1994 auch eine Studentenstadt. Seit 1960 findet hier ein heute sehr bekanntes Jazz-Festival statt.

Am Kai von Molde
enden die Über-
landausflüge aus
Geiranger. Meist
bleibt noch genügend
Zeit für eine kleine
Stadtrundfahrt.

Kein Segelschiff,
sondern die moderne
Fassade eines Hotels
prägt architektonisch
die Hafenansicht von
Molde.

Die Skyline von Trondheim wird vom Nidaros-Dom dominiert. Von 1818 bis 1906 war er Krönungsstätte norwegischer Könige. Die Ursprünge der Stadt gehen auf das Jahr 997 zurück.

Besonders lohnenswert ist der Besuch Trondheims zur Zeit der Olav-Festspiele von Ende Juli bis Anfang August. Für viele Einheimische ist dies die schönste Zeit des Jahres. Die ganze Stadt ist dann auf den Beinen, um sich an hunderten von Konzerten, Theateraufführungen oder Ritterspielen zu erfreuen.

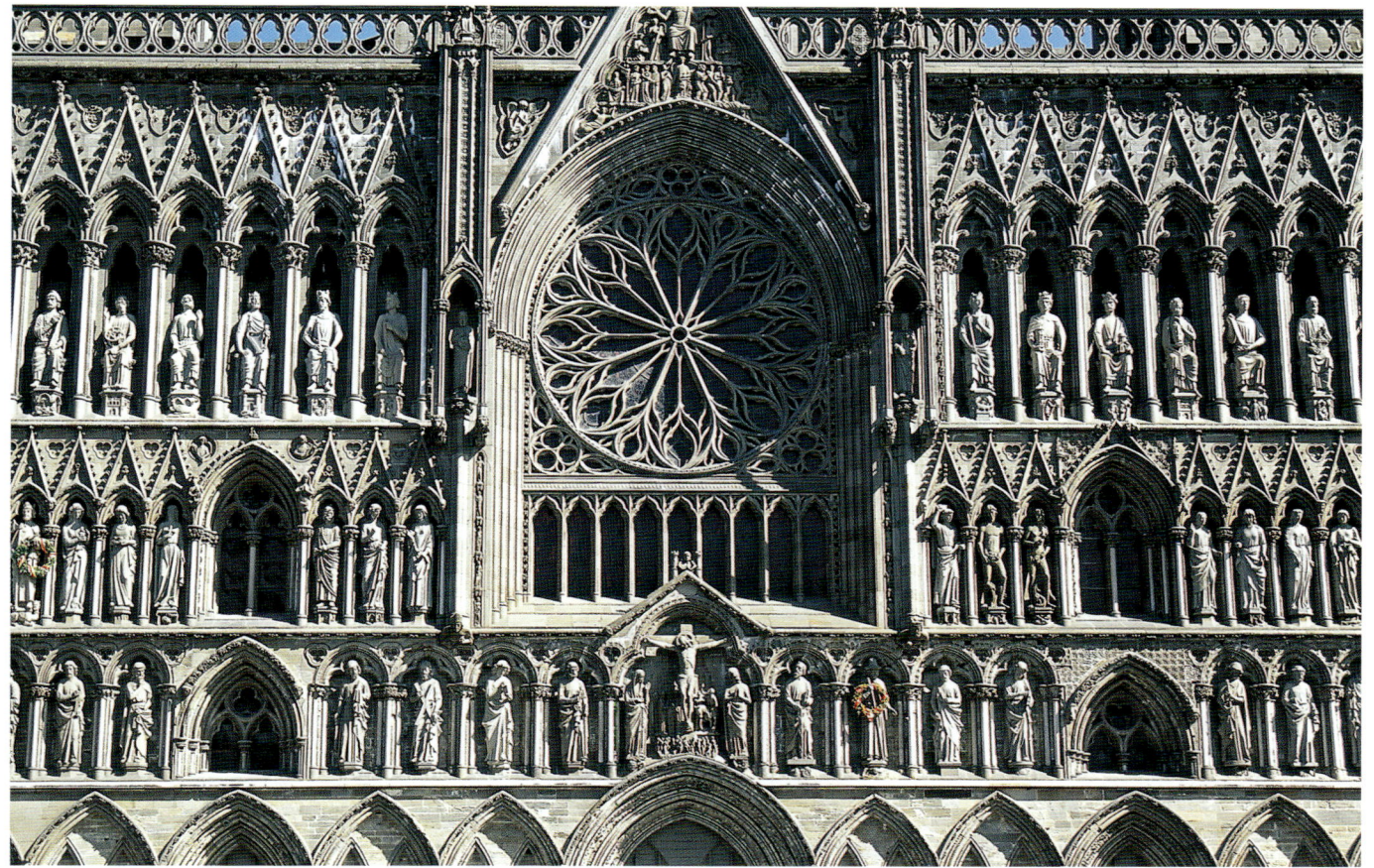

Besonders auffällig
am 102 Meter langen
Nidaros-Dom ist die
Westfassade. An der
filigranen Schauwand
haben Persönlichkei-
ten aus der Historie
als Skulpturen ihren
Platz gefunden.

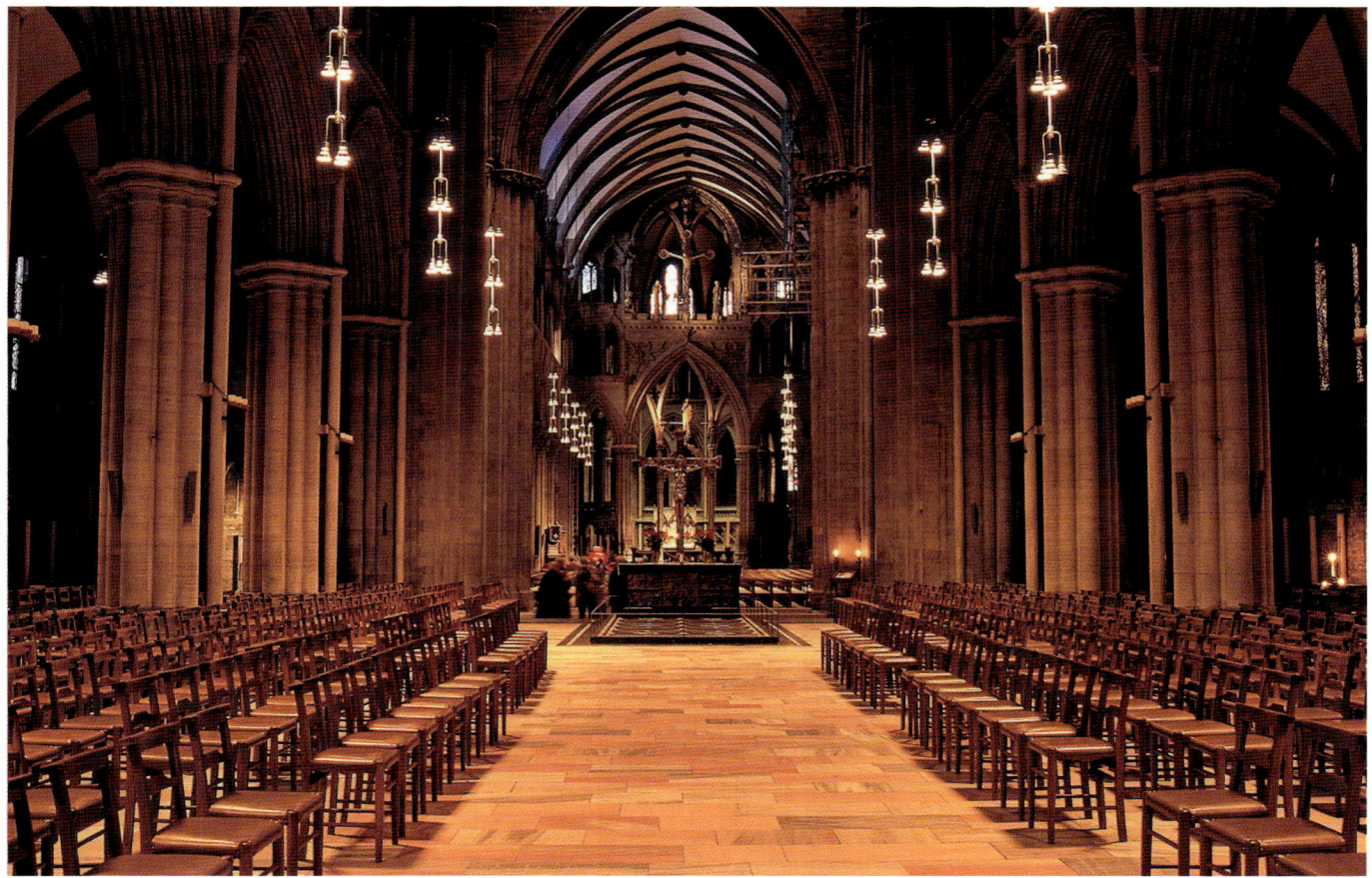

Im Inneren des
Nidaros-Doms herr-
schen Einfachheit
und Eleganz. Neun
Könige sind in der
Kirche begraben.
Unter anderem ruhen
hier die Gebeine von
Olav Haraldson
dem Heiligen, der die
Christianisierung
Norwegens voran-
getrieben hat.

Drei Generationen – die Flotte

Die Hurtigrute wird von einer beachtlichen Anzahl von „Postschiffen" befahren, von einer ganzen Flotte. Aktuell besteht diese aus 13 Schiffen, die zwischen 1964 und 2003 gebaut wurden. Zwölf Schiffe halten die Verbindung zwischen Nord und Süd. Sie verkehren abwechselnd im täglichen Liniendienst auf der Strecke Bergen – Kirkenes – Bergen. Das 13. Schiff steht als Reservefahrzeug in Bereitschaft oder wird für Sondertouren genutzt.

Jedes Schiff hat seine eigene Atmosphäre und sein eigenes Flair. Kenner unterscheiden drei Generationen. Zur ältesten (Etterkrigsflåten) gehören die MS Lofoten und die MS Nordstjernen. Die Atmosphäre auf diesen urigen Schiffen darf man getrost als nostalgisch bezeichnen. Lounges und Kabinen sind geschmackvoll eingerichtet, mit viel Holz in einem stilvollen Ambiente. Obwohl der Passagier auf den älteren Schiffen nicht den Platz und Komfort der Schiffe der neuesten Generation hat, gibt es viele „Fans" dieser alten Fahrzeuge.

Mitte:
Die MS Finnmarken gehört zu den Schiffen der neuesten Generation. Sie besitzt einen Swimmingpool und den Passagieren ist es möglich, bis in die Bugspitze zu laufen.

Oben:
Wer eine Suite mit eigenem Panoramafenster und Balkon bewohnen möchte, muss tief in die Tasche greifen. Hier eine Kabine auf der Heckseite der MS Trollfjord.

Zur mittleren Generation (Mellomgenerasjonen) rechnet man die MS Vesterålen, die MS Narvik und die MS Lyngen. Sie wurden in den 1980er-Jahren gebaut und Mitte der 1990er-Jahre modernisiert und umgebaut. Das Heck dieser Schiffe war ursprünglich dafür vorgesehen, eine größere Anzahl an Containern zu transportieren, da mit steigendem Frachtaufkommen gerechnet wurde. Die Erwartungen an den Gütertransport erfüllten sich nicht, stattdessen kamen immer mehr Touristen, was zu dem Umbau in den 1990er-Jahren führte. Die Schiffe der mittleren Generation verfügen über eine geringere Passagierkapazität, als die

neuen Schiffe. Im Übrigen ist es äußerst interessant zu beobachten, wie sich Silhouetten, die Größenverhältnisse der Schiffe und sicher auch der „Geschmack" in den vergangenen Jahrzehnten verändert haben.

Standardkabine und Luxussuite

Die meisten Schiffe der Flotte, stellvertretend seien hier die MS Midnatsol, die MS Richard With oder die MS Finnmarken genannt, gehören der neuesten Generation (De Nye Skipene) an. Diese wurden alle in den 1990er- beziehungsweise 2000er-Jahren gebaut und werden oft mit Kreuzfahrtschiffen verwechselt. Der Passagier kann zwischen Kabinen unterschiedlicher Kategorien wählen, die von der Standardkabine bis zur Luxussuite reichen. Trotz der hochwertigen Ausstattung hören die Norweger den Vergleich mit Kreuzfahrtschiffen nicht gerne. Denn die Hurtigruten-Schiffe sind und bleiben, was sie immer waren: ganz normale Transportmittel für Einheimische und Gäste, auch bei immer größer werdender Konzentration auf die Bedürfnisse der Passagiere. Selbst die neuesten Schiffe transportieren weiterhin Fracht und Autos. Alle Schiffe, die nach 1982 gebaut wurden, besitzen eine seitliche Ladeluke, um das Be- und Entladen einfacher zu gestalten. Vorher wurden Autos und Fracht mit einem Auslegerkran über die Bordwand bugsiert. Die Post wird allerdings schon seit über 15 Jahren mit dem Flugzeug transportiert – das geht einfach schneller.

Alle Fahrzeuge der neuesten Generation verfügen über großzügige Panoramadecks mit riesigen Fenstern und bequemen Sesseln. Diese sind 24 Stunden am Tag zugänglich. Zum Standard gehören Bibliotheken, Lounges (es ist ein extra abgetrennter Raucherbereich vorhanden), diverse Bars und Restaurants sowie Fitnessräume mit einem separaten Saunabereich.

Namensgebung

Interessant sind die Namen der einzelnen Schiffe. Viele wurden nach spektakulären Orten an der Strecke benannt. So standen die Inselgruppen der Lofoten und der Vesterålen oder der Trollfjord genauso Pate, wie die Finnmark in Nord-

norwegen, der raue Norden Norwegens für die MS Nordnorge und natürlich das Nordkap. Außerdem wurden Schiffe nach Naturphänomenen wie der Mitternachtssonne (MS Midnatsol), dem Nord- oder Polarlicht (MS Polarlys) und dem Nord- oder Polarstern (MS Nordstjernen) benannt. Die 1993 in Stralsund fertig gestellte „MS Kong Harald" (König Harald) erhielt ihren königlichen Namen anlässlich des hundertsten Jahrestages der Linie. Und auch den Begründer der Postschifflinie vergaß man nicht. 1993 wurde die ebenfalls in Stralsund gebaute MS Richard With in Dienst gestellt.

Bleibt noch zu erwähnen, dass Hurtigruten-Schiffe seit mehreren Jahren auf Sondertouren wie Expeditions- und Nostalgiereisen geschickt werden. 2007 wurde für Fahrten in die Arktis, Antarktis und nach Grönland die MS Fram, benannt nach dem legendären Schiff Fridtjof Nansens und Roald Amundsens, gebaut und in Dienst gestellt.

Und, last but not least, ist es etwas ganz Besonderes, mit der MS Nordstjernen, dem ältesten, noch im Dienst von Hurtigruten befindlichen Schiff, auf Nostalgietouren durch die Inselwelt der Lofoten oder nach Spitzbergen zu fahren.

Links:
Genau wie die anderen Schiffe der Postschiff-Linie versieht die MS Lofoten zuverlässig ihren Dienst.

Unten:
Die MS Lyngen gehört zu den Schiffen der mittleren Generation. Typisch für die in den 1970er-Jahren gebauten Fahrzeuge ist das flache Heck, das ursprünglich Container aufnehmen sollte.

Ganz unten:
Die MS Lofoten im Hafen von Kirkenes. Dieses Schiff hat schon über 50 Jahre „auf dem Buckel" und gehört zur ältesten Generation der Hurtigruten-Schiffe.

Gänge und Aufent-
haltsräume sind in
allen Hurtigruten-
Schiffen individuell
gestaltet. Von
diesem Gang in der
MS Trollfjord gehen
Kabinen der gehobe-
nen Klasse ab.

Willkommen in Ihrer
Suite! Den Passa-
gieren der gehobenen
Klassen stehen
natürlich mehr
Raum und Komfort
zur Verfügung. Zur
Ausstattung gehören
hier Doppelbett,
Dusche, WC, Fön,
Bettwäsche, Hand-
tücher, Fernseher und
erlesenes Mobiliar.

Die meisten Passagiere reisen in der Standard-Kabine. Zwei Fahrgäste samt Gepäck finden hier ausreichend Platz. Zur Grundausstattung gehören Dusche, WC, Bettwäsche, Handtücher und ein Fön.

Eine Kabine mit Ausblick in Fahrtrichtung gibt es nur gegen Aufpreis. Gemütlichkeit und angenehmes Ambiente können Hurtigruten-Passagiere in jeder Preisklasse erwarten.

Vielfältig und schmackhaft sind die Speisen auf den Buffets der Schiffe. Am Morgen und zum Mittagessen bedient sich der Passagier selbst.

Bei all diesen Delikatessen und Leckereien fällt es schwer, die „schlanke Linie" zu wahren.

Getränke und das
Abendessen werden
vom freundlichen und
schnellen Service-
personal gebracht.

Am Abend wird
zumeist ein Menü
gereicht. Wer möchte,
kann seine Speisen
auch à la carte
zusammenstellen.

Seite 90/91:
Die MS Richard
With durchfährt die
schmale Passage des
Stokksunds. Der
Zick-Zack-Kurs hat
schon so manchem
Kapitän die Schweiß-
perlen auf die Stirn
getrieben.

Ein markanter Punkt auf diesem Abschnitt der Reise ist der rot leuchtende Kjeungskjær-Fyr. Der 1880 errichtete Leuchtturm liegt an der Einfahrt in das mit tausenden Schären übersäte Gebiet Frohavet.

Kurz nach der Durchfahrt unter der Brücke biegt der Stokksund im Winkel von fast 90 Grad nach backbord ab. Die Kapitäne vollziehen hier ein spektakuläres Fahrmanöver.

Die Passagiere genießen die herrliche Landschaft und die zum Greifen nahen Ufer am Stokksund. Die Crew dagegen steht unter Höchstspannung.

Vor der Durchfahrt hupen die Hurtigruten-Kapitäne, um entgegenkommende Fahrzeuge zu warnen. Einige Abschnitte sind von der Brücke des Schiffs nicht einzusehen.

Höhepunkt dieser Passage ist das Durchfahren der 700 Meter langen und 41 Meter hohen Brücke kurz vor Rørvik, die den Schärengarten mit dem Festland verbindet.

Großes Bild: Rørvik liegt geschützt im Schärengarten der Vikna Kommune. Das Städtchen bildet den Verkehrs- und Handelsknotenpunkt dieser Gegend.

Das Ablegen in Rørvik ist für die modernen Schiffe dank eines Seitenantriebes problemlos. Früher erforderte dieses Manöver viel Geschick und Fingerspitzengefühl.

In Rørvik begegnen sich die Schiffe der nordgehenden und der südgehenden Tour. Es ist gestattet, dem jeweils anderen Schiff einen Besuch abzustatten.

Die Einwohner von Molde sind für norwegische Verhältnisse sonnenverwöhnt. In der Stadt wachsen auch Bäume wie Kastanie, Esche, Linde oder Ahorn.

Molde nennt sich gern „Stadt der Rosen". Aufgrund des milden Klimas können hier noch Pflanzen wachsen, die eigentlich weiter südlich die Wachstumsgrenze haben.

Architektonisch
äußerst interessant
ist das Küsten-
museum „Norveg"
von Rørvik. Der im
Jahr 2004 eröffnete
Bau liegt direkt am
Wasser und bezieht
sich mit seinen segel-
artigen Dachflächen
auf die maritime
Lage. Das Gebäude
hat schon internatio-
nale Architekturpreise
eingeheimst.

Die Ausstellung
beherbergt eine
umfangreiche
seehistorische
Sammlung und
Exponate aus der
Woxengs-Sammlung.

Passagiere werden
von dieser reizenden
Dame im Kostüm
der Sea-Sarah – der
Sarah aus dem Meer –
vom Schiff abgeholt
und zum Museum
geführt. Diese gute
Fee hat schon früher
den Bootsleuten den
Weg gewiesen.

Im Museum erfährt
der Besucher unter
anderem, dass die
Gegend um Rørvik
schon in grauer
Vorzeit besiedelt war.
Hier befanden sich
die Fjorde, an denen
sich die Wikinger
niedergelassen hatten
und von wo aus sie
auf Raub- und
Beutezüge gingen.

Seite 98/99:
Am vierten Tag der
Reise erreicht das
Schiff die Gegend am
Polarkreis. Mit
66,56 Grad nörd-
licher Breite markiert
der Breitenkreis die
Linie, wo an den
Tagen der Sonnen-
wende diese gerade
nicht mehr auf- bzw.
untergeht.

Der Berg Hestmannen nahe dem Polarkreis ist bei gutem Wetter leicht zu erkennen. Der Sage nach hatte sich der Pferdemann unsterblich in die schöne Leka verliebt, wurde von ihr aber zurückgewiesen.

Bei der Ausfahrt aus dem Hafen von Ørnes herrscht Bilderbuchwetter. Ende Februar zeigt sich die Landschaft im Winterkleid.

Leuchttürme wie
dieser in der Nähe
des Polarkreises sind
noch heute wichtige
Landmarken für die
Schiffsführer, um
sich zu orientieren.
An den zerklüfteten
Küsten Norwegens
gibt es tausende
dieser Wegweiser.

Fahrt mit Ausblick.
Einige Male durch-
fahren die Schiffe
sogenannte „offene
Passagen", jene
Abschnitte der Fahrt,
wo aufgrund geogra-
fischer Gegebenheiten
die schützende Küste
kurzzeitig verlassen
werden muss.

101

Eigentlich wird auf Hurtigruten-Schiffen auf Animations-programme verzichtet. Eine Ausnahme bildet die Polar-kreistaufe. Getauft wird mit eiskaltem Wasser und einer Ladung Eiswürfel.

Neptun persönlich hat sich zur Polar-kreistaufe angesagt. Die Passagiere wissen zu diesem Zeitpunkt noch nicht, was sie erwartet.

Am Tag vor der
Polarkreistaufe wurde
ein Quiz ausgeschrie-
ben. Die Fahrgäste
sollten die Zeit schät-
zen, zu der das Schiff
am Morgen den
Polarkreis überquert.

Dieser Passagier hat
das Quiz gewonnen.
Bis auf wenige
Sekunden hat er die
Zeit richtig geschätzt.
Dafür gibt es eine
Kelle extra Eiswürfel
(und ein Gläschen
Aquavit). Möchte
man so einen Preis
gewinnen?

Von der Brücke der
MS Richard With
haben der Kapitän
oder der 1. Offizier
einen hervorragenden
Überblick. Bei Nebel
oder schlechtem
Wetter helfen elektro-
nische Seekarten und
modernste Technik,
damit die Schiffe
nicht vom Kurs
abkommen.

Auf der Brücke
(hier die MS Richard
With) wird der Kurs
überwacht und die
Geschwindigkeit sowie
das Wetter kontrol-
liert. Rundfahrt-
Passagieren bietet
sich in der Regel die
Gelegenheit zu einem
Besuch beim Kapitän.

Am 1. Juni 1994
wurde der elektro-
nische Seeweg eröffnet
und ab diesem Zeit-
punkt nach elektro-
nischen Seekarten
befahren.

Den Großteil der
Strecke fahren die
Schiffe mit Autopilot.
Nur bei schwierigen
Manövern (zum
Beispiel An- und
Ablegen) wird von
Hand gesteuert.

Hochstuhl und Spielzimmer –
Reisen mit Kindern

Aus den offiziellen Hurtigruten-Reiseprospekten ist wenig über das Reisen mit Kindern zu erfahren. Natürlich werden Kinderbetten und ermäßigte Fahrtarife für den Nachwuchs angeboten. Die meisten Schiffe verfügen über ein Spielzimmer. Das Rundfahrtkonzept jedoch scheint eher auf „erwachsene" Reisende ausgelegt zu sein. Tatsächlich liegt der Altersdurchschnitt der Passagiere deutlich im „reiferen" Bereich. Trotzdem „wagen" wir den Selbstversuch und nehmen unsere knapp zweijährige Tochter mit auf große Fahrt. Erfreulich: Für Kinder im Alter unserer Tochter ist die Passage kostenlos. Allerdings nur, wenn sie im Bett der Eltern mitschlafen. Ab dem Alter von vier Jahren hätten wir allerdings schon 75 Prozent des Fahrpreises berappen müssen.

Der anfänglichen Freude über die Aussicht, unsere Tochter ohne zusätzliche Kosten mitnehmen zu dürfen, folgt die Ernüchterung, als wir uns mit der praktischen Umsetzung des Übernachtungsproblems auseinandersetzen. In der Theorie klingt das Teilen eines Bettes mit einem Kind wenig dramatisch. Wer allerdings tatsächlich schon einmal versucht hat, mit zweijährigem Nachwuchs in einem schmalen Bett zu schlafen, wird über den nächtlichen Aktionsradius und die Geräuschkulisse seines Youngsters überrascht gewesen sein.

Minizelt in der Kabine

Die Lösung unseres Problems lieferte schließlich der Outdoor-Fachhandel. Dort wurde im handlichen Format ein Spezial-bett für Kleinkinder, das wie ein Minizelt in der Kabine steht (und auch in den schmalen Gang der Standardkabine passt), angeboten. Das Minibett verfügt über ein Gaze-Innenzelt, das durch einen Reißverschluss geschlossen wird. Dadurch bekommt ein Kind gut Luft und kann weder herausfallen noch herauskrabbeln. Zu Hause durfte unsere Tochter schon ein paar Mal „probeschlafen". Nun konnte es also endlich losgehen. Und zwar zum günstigen Null-Tarif in der Standardkabine. Wer ein handelsübliches (und auch auf den Hurtigruten-Schiffen angebotenes) „normales" Kinderbett aufstellen möchte, muss eine größere Kabine buchen und einen höheren Fahrpreis akzeptieren.

Schon auf dem Flug und bei der Busfahrt zum Hurtigruten-Terminal werden wir zuvorkommend behandelt. Norwegen ist, das wussten wir von anderen Reisen, ein kinderfreundliches Land. Auf dem Schiff gewöhnt sich unsere Tochter schnell an ihr neues Zuhause. In den nächsten Tagen wird es für sie täglich etwas Neues zu entdecken geben. Im Bordshop kann man zum Beispiel prima Kuscheltiere und Pullover durcheinander bringen. Die Rettungsübung mit der Crew ist ein weiteres Großereignis, das es genau zu beobachten gilt. Und aus dem Whirlpool ist unser Nachwuchs kaum noch herauszubekommen.

Extraportion Eis

Schon beim ersten Abendessen entwickelt sich schnell Kontakt zur Crew und den anderen Fahrgästen. Ein Hochstuhl wird selbstverständlich zur Verfügung gestellt und wir dürfen in den nächsten Tagen auch immer am selben Tisch Platz nehmen. Kinderessen und das Aufwärmen beziehungsweise die Zubereitung von mitgebrachter Babynahrung sind kein Problem. Natürlich gibt es für die Kleine immer eine extra Portion Eis zum Nachtisch.

Für Eltern kleiner Kinder (bis zum Schulalter) ist eine Fahrt mit dem Schiff, trotz eventueller Schwierigkeiten beim Finden der „richtigen" Kabine, erholsam und empfehlenswert. Es gibt einen geregelten Tagesablauf. Ohne großen Reiseaufwand sieht man ständig etwas Neues.

In den Häfen steigen oft Einheimische mit Kindern zu, und schnell ist ein Kontakt geknüpft. Die Zubereitung der Mahlzeiten entfällt. Die Kabinen sind ruhig und für den Mittagsschlaf etc. jederzeit verdunkelbar. Ausflüge in die Häfen oder über Land sind auch für Kinder gut organisiert. Die Länge des Aufenthalts in den Häfen ist meist genau richtig, um einen Spaziergang beziehungsweise einen kleinen Ausflug auf eigene Faust zu unternehmen. Die Panoramadecks sind für Kinder und Eltern ein Erlebnis. Und es gibt immer Passagiere, die die Eltern gerne bei der Beaufsichtigung unterstützen. Am Abend kann man entspannt über ein Babyfon den Schlaf der Kinder von den Panoramadecks aus überwachen.

Für Kinder ab dem Schulalter ist eine Fahrt mit Hurtigruten wahrscheinlich nur mit Einschränkung zu empfehlen. Da an Bord bewusst auf jegliche Form von Unterhaltung verzichtet wird und es kein Kinderprogramm gibt, sind die Eltern mehr gefordert. Es dürfte schwierig sein, das Spielen der Kinder im Schulalter (die man dann wohl nicht mehr im Spielzimmer halten kann) mit der ruhigen Atmosphäre an Bord in Einklang zu bringen. Trotzdem käme es vielleicht auf einen Versuch an. Die vielen Norweger, die mit ihren Kindern zumindest einen Teilabschnitt der Passage absolvieren, machen es uns vor.

Links:
Familien mit Kindern sollten eine etwas größere Kabine der mittleren Preisklasse buchen. Ein Kinderbett wird gestellt.

Unten:
In der Bordbibliothek gibt es auch Kinderbücher. Genügend Auslauf hat der Nachwuchs aber ebenso.

Ganz unten:
Der Tisch ist reserviert – und zwar für Kinder. Die Crew sorgt dafür, dass die Kleinen ihren Lieblingsplatz bekommen.

Das Ausflugsboot
fährt durch die
Meerengen des
Holandsfjordes bis
zum Fuß des
Svartisen-Gletschers.
Manchmal sind auf
dieser Fahrt Seeadler
zu beobachten.

Ein lohnenswerter
Ausflug führt zum
Svartisen-Gletscher
auf dem Polarkreis.
Er ist der zweitgrößte
des Landes. Der
Eisgigant ist sowohl
von Wasser- als auch
von der Landseite
aus zu erreichen.

Seinen Namen „Schwarzeis-Gletscher" hat er bekommen, weil bei einem bestimmten Einfallswinkel der Sonne das Eis schwarz schimmern soll.

Zimmer mit Ausblick: In der Schutzhütte am Ausflugspunkt des Svartisen-Gletschers werden auch Kaffee und Kuchen angeboten.

Großes Bild:
Von Bodø (und auf der Rückfahrt vom Svartisen-Gletscher) wird ein Ausflug zum Saltstraumen, dem stärksten Gezeitenstrom der Welt, angeboten.

Die Ufer des Saltstraumen sind ein beliebter Angelplatz, da mit dem nährstoffreichen Wasser auch die Fische angelockt werden. Hier wurde beispielsweise ein Seelachs gefangen, der 22,3 Kilogramm wog.

Durch einen 2,5 Kilometer langen und etwa 150 Meter breiten Sund strömen im Wechsel der Gezeiten fast 400 Millionen Kubikmeter Wasser in den Fjord hinein und wieder heraus.

Die Strudel am Saltstraumen können einen Durchmesser von bis zu zehn Metern aufweisen und mehr als vier Meter in die Tiefe reichen.

111

Nicht nur in Bodø bilden sich in den Sommermonaten lange Autoschlangen vor den Hurtigruten-Schiffen. Die Post-schiffe fungieren auch als ganz normale Fähren, die schnell und ohne Umwege Mensch und Auto transportieren.

Beliebt ist die Fahrt von Bodø nach Stamsund auf den Lofoten. Da die Ladekapazität der Schiffe stark begrenzt ist, empfiehlt sich in der Hochsaison eine langfristige Reservierung.

Rechte Seite: Am Hafen von Bodø endet der Ausflug zum Svartisen-Gletscher. Das Schiff wartet auf die Passagiere, die mit dem Bus zurück-gebracht werden. Als nächstes folgt die Fahrt durch eine der sogenannten offenen Passagen (hier die Fahrt über den Westfjord) auf die Lofoten.

Das „Magic Ice Museum" in Svolvær liegt direkt am Hafen und lädt zu einem Kurzbesuch ein. Alles ist hier aus Eis gestaltet.

Beim Landgang bleibt genügend Zeit, die Kunstwerke aus Eis zu bewundern und sich einen Drink (natürlich eisgekühlt) an der Bar zu genehmigen.

Die Betreiber des Museums wissen, wem sie die meisten Besucher verdanken. Hier ein Hurtig-ruten-Schiff aus Eis.

Neben dem Besuch des „Magic Ice Museum" bleibt noch Zeit für einen kurzen Bummel durch den Hafen von Svolvær.

Linke Seite:
Die Einwohner von Svolvær leben in der Hauptsache vom Fisch- und insbesondere vom Kabeljaufang. In der Zeit von Januar bis April, der Hauptfangzeit, werden bis zu 50 000 Tonnen Kabeljau gefangen.

Wer in Svolvær keinen Ausflug gebucht hat, sollte die Landgangzeit nutzen, um den Torget (den Marktplatz) zu besuchen. Wer etwas weiter laufen möchte, nimmt sich die Bogenbrücke an der Vestfjordgata (schöner Ausblick) zum Ziel.

Von Svolvær startet auf der südgehenden Tour der Ausflug durch die wunderbare Inselwelt der Lofoten.

Seite 118/119:
Die elegante und einen Kilometer lange Brücke verbindet in Tromsø die Insel Tromsøya mit dem Festland. Den besten Ausblick auf die Stadt bietet der Hausberg Storsteinen, auf den die Fjellheisen-Seilbahn hinaufführt.

Die Tromsø-Brua ist der Lebensnerv der Stadt. Sie verbindet die beiden Ufer der Stadt.

Auch für Tromsø gilt: Nicht immer scheint die Sonne. Aber mit geeigneter Kleidung sollte man sich deswegen nicht von einem Landgang abhalten lassen.

Ein gelungenes Beispiel dafür, was man aus nüchternem Beton zaubern kann: Ishavskatedralen – die Eismeerkathedrale. Als Passagier sollte man diese unbedingt besuchen.

Im Innern der Eismeerkathedrale herrschen Schlichtheit und Modernität. Bemerkenswert ist die 140 Quadratmeter große Glasmalerei, lohnenswert sind die Mitternachtskonzerte, die man bei einem Landausflug auf der südgehenden Tour erleben kann.

121

Tromsø ist eine bunte Stadt mit unverwech- selbarem Charme. Vor allem in der acht Wochen dauernden Zeit der Mitter- nachtssonne pulsiert das Leben.

Tromsø ist eine der schönstgelegenen Städte Nord- norwegens. Mit circa 61 000 Einwohnern und einer Fläche von 2520 Quadrat- kilometern ist sie die größte Metropole des Nordens.

Der Polarforscher Roald Amundsen hat einen Ehrenplatz in Tromsø. Er eroberte den Nordpol und war der erste Mensch am Südpol. 1928 startete Amundsen von Tromsø eine Suchaktion, um dem verschollenen italienischen Polarforscher Umberto Nobile zu Hilfe zu eilen. Von dieser Mission kehrte er nie wieder zurück.

Die Stadt besitzt viele schöne Holzhäuser mit geschmackvoll eingerichteten Restaurants und Cafés und dies, obwohl 1969 zahlreiche kostbare Zeugnisse schöner Hausbaukunst abbrannten. Tromsø hat einen modernen Flughafen und die nördlichste Universität der Erde.

Seite 124/125:
Die Stadt Honningsvåg ist mit ihren circa 3500 Einwohnern das Zentrum der nordnorwegischen Kommune Nordkapp. Sie liegt auf der Insel Magerøya und ist außerdem Ausgangspunkt für die meisten Ausflüge zum Nordkap.

Honningsvåg lebt vor allem vom Fischfang und der Fischverarbeitung. Von hier startet im Juni der „Nordkap-Marsch". Mit einer Länge von 70 Kilometern ist dieser einer der anstrengendsten Voksläufe der Welt.

Besonders lebhaft ist das Treiben am Hafen von Honningsvåg. Das Städtchen ist die wichtigste Fischereisiedlung der westlichen Finnmark.

Honningsvåg wurde
im Zweiten Weltkrieg
stark zerstört. Deshalb
findet man heute
kaum alte Bau-
substanz. Den Hafen
dominieren die Fisch-
verarbeitungsanlagen
und die Werftbetriebe.

Wie immer stehen die
Busse pünktlich für
den Nordkap-Aus-
flug bereit. Die Fahrt
zum fast nördlichsten
Punkt Europas dauert
etwa eineinhalb
Stunden.

Am Porsangerfjord lohnt der Abstecher zu den Gesteinsformationen von Trollholmsund. Der Sage nach sollen die Steinsäulen versteinerte Trolle sein.

Die Fahrt zum Nordkap führt über die „magere Insel" Magerøya. Tatsächlich wachsen in diesen Breitengraden nur noch wenige niedere Pflanzen. Im Winter finden selbst die genügsamen Rentiere hier keine Nahrung mehr. Sie werden im Herbst weiter nach Süden getrieben.

Die von Hurtigruten angebotenen Ausflüge kommen am frühen Morgen am Nordkap an. Zu dieser Zeit kann man natürlich nicht die Mitternachtssonne erleben. Dafür muss ein längerer Aufenthalt im Sommer eingeplant und die Reise unterbrochen werden.

Früher konnte man die Nordkap-Insel nur mit der Fähre erreichen. 1999 wurde der 6,8 Kilometer lange Nordkap-Tunnel eröffnet, welcher heute die Insel Magerøya in der Provinz Finnmark mit dem Festland verbindet.

Das Nordkap befindet sich auf 71°10'21" nördlicher Breite und liegt damit circa 520 Kilometer nördlicher als der Polarkreis. Circa 2100 Kilometer beträgt von hier die Entfernung zum Nordpol.

Die Skulptur „Kinder der Erde" wurde nach Entwürfen von Kindern aus der ganzen Welt gestaltet. Das Ensemble hat seit dem Ende der 1980er-Jahre seinen Platz auf dem Nordkap-Plateau gefunden.

Eines der begehrtesten Ziele Norwegens ist das Nordkap. Dieses über 300 Meter hohe Plateau auf der Insel Magerøya, das von vielen als nördlichster Punkt Europas angesehen wird, bietet neben der markanten Steilküste, dem Globus und den Nordkap-hallen auch die Begegnung mit jeder Menge Touristen aus aller Welt. Im Winter entgeht man den Menschenmassen.

Von Honningsvåg kommend sieht der Gast nach einer eineinhalbstündigen Busfahrt zum ersten Mal das Nordkap von Süden. Wenig später kommt der berühmte circa 300 Meter abfallende Schieferfelsen ins Bild.

Seite 132/133:
Ein Traumziel für tausende Nordland-fahrer: Die Mitter-nachtssonne am Nordkap. Von Ende Mai bis Juli geht hier die Sonne nicht unter.

SCHÖNE STÄDTE VOR FANTASTISCHEN KULISSEN – DIE SÜDGEHENDE TOUR

Reine auf den Lofoten ist zu jeder Jahreszeit eine Reise wert. Der Ort bietet Holzhaus-romantik pur.

SCHÖNE STÄDTE VOR FANTASTISCHEN KULISSEN – DIE SÜDGEHENDE TOUR

Ein Staatsvertrag aus dem Jahr 1911 legte den Ort Kirkenes mit seinem Hafen am Varangerfjord als Wendepunkt von Hurtigruten fest. Im Dreiländereck von Norwegen, Finnland und Russland kommen etwa 15 Prozent der Einwohner aus dem Ausland. Im Hafen dümpeln meist verrostete russische Fischtrawler. Die östlichen Nachbarn besuchen Norwegen vor allem zum Einkaufen. An der Grenze geht es glücklicherweise entspannt zu, und vor Beginn der südgehenden Tour bietet Hurtigruten einen Ausflug an, auf dem man die Grenzanlagen und einen Souvenirshop besuchen kann. Am späten Nachmittag liegt das Schiff dann in Vardø, dem östlichsten Hafen Norwegens. Weiter geht es entlang der Varanger-Halbinsel nach Båtsfjord, bevor das Schiff am Abend Berlevåg erreicht.

Wer in Kirkenes zugestiegen ist, kann den Ausflug zum Nordkap auch auf der Südtour unternehmen. Alternativ bietet sich ein Ausflug zum Vogel-Naturreservat Gjesværstappan mit seinen bis zu 250 000 Seevögeln an (beste Zeit Mai und Juni). Der Nordkap-Ausflug auf der Südtour endet in Hammerfest, der Stadt, von der die Norweger behaupten, sie sei die nördlichste der Welt. Im Zentrum erinnert die 1854 errichtete Meridiansäule an die erste exakte Vermessung der Erdkugel. Die Stadt führt einen Eisbären im Wappen und tatsächlich sollen sich Eisbären von Spitzbergen bis hierher verirrt haben, wie wir im Eisbärenklub, der direkt am Hafen liegt, erfahren. Doch der letzte Besuch des Ursus maritimus liegt schon eine ganze Weile zurück.

Schneewittchen

Vor der Küste Hammerfests ist eines der ehrgeizigsten Wirtschaftsprojekte Norwegens angelaufen. Hier wurden 2000 Meter unter dem Meeresspiegel riesige Erdgasvorkommen entdeckt. „Snøhvit" – Schneewittchen – heißt das Gasfeld, welches mit einer unterirdischen Pumpanlage ausgebeutet wird. Das Gas fließt durch eine Pipeline zur Insel Melkøya vor Hammerfest, wo es verflüssigt wird. Spezielle Tankschiffe bringen es schließlich nach Europa und in die USA.

Am Abend des achten Tages erreichen wir erneut Tromsø. Von Mai bis August, wenn die Sonne nicht untergeht, können wir in der Eismeerkathedrale stimmungsvolle Mitternachtskonzerte erleben oder in einer der rauchfreien Kneipen ein „Arctic Beer" genießen.

Tag Neun der Gesamtrundfahrt hält mehrere Highlights bereit. Von Harstad auf den Vesterålen wird ein Ausflug nach Trondenes und ins Küsten-

Hamnøy auf den Lofoten ist ein Zentrum des Fischfangs. Zwischen Januar und März ist die Hauptsaison für die Lofotenfischer.

städtchen Sortland mit seinen blau gestrichenen Häusern angeboten. In Trondenes ist die nördlichste mittelalterliche Steinkirche Norwegens zu finden. Und auch das Museum ist sehenswert. Gegen 10.00 Uhr passiert unser Schiff die Risøy-Rinne. Der circa 4,5 Kilometer lange, künstlich angelegte Kanal ist der einzige Abschnitt auf der Hurtigrutenpassage, wo der Mensch nachhelfen musste, damit die Schiffe genügend Wasser unter dem Kiel behalten. Früher waren die Kapitäne gezwungen, einen Umweg zu fahren, um nach Risøyhamn zu kommen. Seit 1922 fahren die Schiffe zwischen festen Markierungen, die den Verlauf des Kanals ausweisen. Wir bewegen uns nun in der Inselwelt der Vesterålen. Beim Stopp in Stokmarknes besuchen wir das Hurtigruten-Museum. Hier liegt die Wiege der Postschiffe. Richard With, der Vater der Postschiff-Linie, hatte in diesem Ort vor über 100 Jahren an den Plänen einer Schnellverbindung mit Schiffen in den hohen Norden gearbeitet. Im Museum wird nicht nur Geschichte geboten. Wer sich für die technische Entwicklung der Hurtigruten-Flotte interessiert, kommt bei einem Besuch voll auf seine Kosten.

Trollfjord

Den Nachmittag werden wir hauptsächlich in den Panorama-Salons oder auf Deck verbringen, denn gegen 15.15 Uhr gelangen wir zum Raftsund, einem der schönsten Abschnitte der Rundreise. Am Ende dieser Fahrt manövriert unser Kapitän das Schiff in den legendären Trollfjord hinein. Aber wo ist dieser eigentlich? Im Gewirr der vielen Seitenarme, Vorsprünge und Felsen kann man ihn lange nicht entdecken. Doch plötzlich dreht das Schiff nach Backbord und eine winzig erscheinende Einfahrt tut sich auf. Dort wollen wir hinein? Tatsächlich ist der Fjord an einigen Stellen gerade einmal 100 Meter breit. Die Felswände hingegen ragen über 1000 Meter empor. Doch keine Angst, die Kapitäne wissen, was sie tun. Am Ende des 2,5 Kilometer langen Fjords verbreitert er sich etwas. Und das ist genau die Stelle, an der die Kapitäne ein spektakuläres Wendemanöver ausführen. Wir können fast die Felswände berühren. Kein Wunder, dass für viele Passagiere die Fahrt in diesen Fjord den Höhepunkt ihrer Reise darstellt.

Die Landschaft am südwestlichen Ende der Lofoten ist an Dramatik und Schroffheit nur schwer zu überbieten. Einen Gegensatz dazu bilden die fast schon verspielt wirkenden Fischerdörfer.

Am Abend erreichen wir wieder Svolvær. Hier sollten sich Passagiere, die zwischen Mitte April und Ende September reisen, einen weiteren Ausflug gönnen. Gemeint ist die Lofoten-Tour von Svolvær nach Stamsund mit einem Stopp in Henningsvær. Für diejenigen, die keine Zeit haben, auf den Lofoten ihre Reise länger zu unterbrechen, ist dies eine schöne Möglichkeit, um einen Eindruck von dieser wunderbaren Inselwelt zu bekommen. In Henningsvær finden wir Lofoten-Romantik pur. Der Hafen ist windgeschützt und wunderschön anzuschauen. Der Ort bietet mit seinen dicht gedrängten Häusern, Fischerhütten, Booten und gewaltigen Bergen faszinierende Motive. Die Lage war für den Fischfang sehr günstig, da es nur einer kurzen Anfahrt zu den Fischgründen sowohl im Westen als auch im Osten bedurfte. Bei schlechtem Wetter bietet sich der Besuch einer der vielen Galerien an, in denen meist Kunstwerke mit Motiven von den Lofoten ausgestellt sind.

Pferdemann

Nach diesem ereignisreichen Tag passieren wir am nächsten Morgen gegen 9.15 Uhr den Polarkreis und können uns auf „Die Sieben Schwestern", eine beeindruckende Bergkette und den „Berg mit dem Loch", den sagenumwobenen Torghatten, freuen. Diese erreichen wir am Nachmittag. Doch wie kam das Loch in den Torghatten? Eine Legende, eine Volksweisheit aus alten Zeiten, hat die Erklärung gefunden. Ein Troll war schuld! Warum nur wollte der ‚Hestmannen' die schöne Leka, eine Freundin der sieben Jungfrauen des Trollkönigs, heiraten? Denn diese wollte den Pferdemann nicht, der eines Tages die Jungfrauen beim Baden beobachtete. Seine Begierde war so groß, dass er Leka unbedingt haben wollte. Die Jungfrauen flohen vor ihm, waren unerreichbar, und in seinem Zorn darüber schoss er einen Pfeil ab, um sie zu töten. Doch der wachsame Retter, der Trollkönig, war nah. Er warf seinen Hut, um den Pfeil

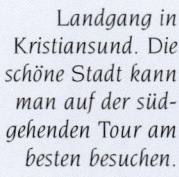

Landgang in Kristiansund. Die schöne Stadt kann man auf der südgehenden Tour am besten besuchen.

abzuwehren, der voller Wucht Hut und Berg durchbohrte. In diesem Moment ging die Sonne auf, und Hestmannen, Leka, die sieben Schwestern und was es sonst noch so an Fabelwesen und Trollen gab, versteinerten. Sie wurden zu Bergen und Inseln. So können wir die Sieben Schwestern und die Insel Leka noch heute bewundern. Am Abend fahren wir erneut in Rørvik ein. Wer auf der nordgehenden Tour schon das Küstenzentrum „Norveg" gesehen hat, kann jetzt vielleicht dem zeitgleich im Hafen liegenden anderen Hurtigruten-Schiff einen Besuch abstatten.

In Trondheim, am elften Tag, endet für viele Fahrgäste die Rundfahrt. Aus diesem Grund verabschiedet sich die Crew schon am Vorabend von den Passagieren. Wir aber werden bis Bergen weiterreisen und nutzen den Tag in Trondheim, um nochmals die Stadt zu besichtigen. Der von Hurtigruten angebotene Ausflug führt vom Hafen auf einen Aussichtspunkt über der Stadt und natürlich in den Nidaros-Dom. Hier wurde norwegische Geschichte geschrieben. Er ist Krönungskirche, und neun Könige haben dort ihre letzte Ruhestätte gefunden. Das Westportal mit den 75 Skulpturen aus der Neuzeit ist eine beeindruckende „Schauwand". Die Tour endet im Musikhistorischen Museum Ringve. Das Gebäude liegt in einer prächtigen Herrenhofanlage und bietet nicht nur Musikliebhabern Interessantes.

Drei-Insel-Stadt

Am Nachmittag erreichen wir das schöne Kristiansund, eine Stadt, die über drei Inseln gebaut wurde. Bis 1992 war Kristiansund nur mit Fähren zu erreichen. Dann wurde den knapp 19 000 Einwohnern eine 1500 Meter lange Hängebrücke spendiert, mit der die Stadt eine Anbindung ans Festland bekam, und dann noch ein fünf Kilometer langer Tunnel unter dem Meer hindurch. Die Verbindungen sind heute Bestandteil einer fast fährfreien Küstenstraße, die von Stavanger über Bergen bis nach Trondheim führt. Immer

mehr Norweger ziehen nach Kristiansund. Vor der Küste wurde Öl und Gas entdeckt. Und diese Vorkommen sollen in Zukunft ausgebeutet werden. Wir haben allerdings nur 45 Minuten Aufenthalt, um die Stadt zu genießen.

Weiter geht es in Richtung Bergen. Spät am Abend laufen wir Molde an (siehe nordgehende Tour). Und dann wird es langsam Zeit, Abschied zu nehmen, denn am nächsten Tag erreichen wir Bergen, den Heimathafen der Hurtigruten-Flotte. Die Koffer werden gepackt. Das letzte Abendessen im Bordrestaurant. Sind seit der Abfahrt wirklich schon fast zwölf Tage vergangen?

In der Nacht passieren wir Ålesund, Torvik und Måløy. Am Morgen legt das Schiff in Florø, der westlichsten Stadt Norwegens mit 5000 Einwohnern, an. Den Weg in den Hafen weist der fotogene Leuchtturm Stabben. Und noch einmal liegen Seemeilen eindrucksvoller Landschaften vor uns. Wir passieren den Nordfjord unterhalb des riesigen Gletschers Jostedalsbreen und ein paar Meilen südlich davon die Mündung des mächtigen Sognefjords.

Und dann geht alles viel zu schnell: Pørdefjord, Stavfjord, Sognesjøen, Dalsfjord und schließlich der Hjeltefjord, auf dem wir bis nach Bergen fahren werden. Die Hausberge Ulriken und Fløyen kommen ins Bild, die Hafenanlagen. Die vielleicht „schönste Seereise der Welt" ist zu Ende. Und wir wissen jetzt schon, dass wir wiederkommen werden.

In Nesna können Crew und Passagiere an einem Gottesdienst teilnehmen. Die meisten Norweger bekennen sich zur evangelisch-lutherischen Konfession.

Der Wendepunkt einer Hurtigruten-Reise ist fast erreicht. Die MS Richard With fährt in den Bøkfjord vor Kirkenes ein. Nach wenigen Stunden Aufenthalt fährt das Schiff dieselbe Strecke zurück.

In Kirkenes, nur zehn Kilometer von der russischen und 35 Kilometer von der finnischen Grenze entfernt, herrscht Internationalität. Neben Norwegern leben und arbeiten hier Einwanderer aus 45 Nationen.

Magische Lichtver-
hältnisse über der
Landschaft um
Kirkenes. Passagiere,
die nur die halbe
Rundfahrt gebucht
haben, verlassen hier
das Schiff und fliegen
zurück nach Bergen
oder Oslo.

Für Fahrgäste, die
nur die südgehende
Reise gebucht haben,
beginnt in Kirkenes
ihr Abenteuer.
In diesem Hafen
steigen auch viele
Einheimische zu.

Kirkenes hat immerhin fast 6000 Einwohner. Es gibt einen Flughafen und eine gute Infrastruktur. Die Menschen leben vom Hafen, der Fischerei und von Dienstleistungen.

Der Wegweiser in Kirkenes ist ein guter Orientierungspunkt für Touristen.

Viele Rundfahrt-
passagiere unterneh-
men einen Ausflug
zur russischen
Grenze, der ganz-
jährig angeboten wird.
Die Situation an der
Grenzstation ist
heutzutage glück-
licherweise entspannt.

Das Wetter im Nord-
osten Norwegens ist
oft rau und unge-
mütlich. Der Ausflug
zur russischen Grenze
findet trotzdem statt.

143

Osterausflug zu den Samen

Ende April bringt uns ein Hurtigruten-Schiff nach Kirkenes, dem Wendepunkt der Postschifflinie direkt an der russischen Grenze. Von hier fahren wir mit einem Mietwagen weiter nach Kautokeino, zu einem norwegischen Samenzentrum, das am südlichen Rand der Finnmarksvidda liegt. Während in Südnorwegen jetzt langsam der Frühling beginnt, ist hier vom Ende des Winters noch nichts zu spüren. Die Rentiere auf den Weiden entlang der Straße graben sich immer noch durch meterdicken Schnee, um an Moose, Flechten oder Gras heranzukommen. Und auch der Ort zeigt sich im Winterkleid.

Es ist Ostern. Christen in der ganzen Welt feiern die Auferstehung ihres Herren. Die Samen hier, 450 Kilometer nördlich des Polarkreises, tun dies auf ihre eigene Weise. Über mehrere Tage verteilt finden Konzerte, ein Filmfestival, Schneescooterrennen, der Sami-Grand-Prix und die Weltmeisterschaften im Rentierschlittenrennen statt.

Mitte:
Kautokeino ist ein
Zentrum der Samen.
Besonders die älteren
Samen tragen noch
Tracht.

Oben:
Eine traditionelle,
aus Birkenstämmen
gefertigte Hütte
der Samen. Die
Ureinwohner Nord-
skandinaviens leben
längst in modernen
Häusern.

Diese Art, Ostern zu feiern, hat bei den Einheimischen Tradition. Als die Samen noch als Nomaden umherzogen, kamen sie an den Festtagen aus allen Himmelsrichtungen zusammen und schlugen an der Flussbiegung in Kautokeino ihre „Lavvus" auf. Es war ein großes Wiedersehen mit den Verwandten, die sie in der langen, dunklen Zeit des Winters, in der zwei Monate lang die Sonne nicht über den Horizont hinaus schaut, nicht gesehen hatten. Hochzeiten wurden gefeiert, Kinder getauft. Dieser Brauch ist heute noch lebendig.

Ureinwohner Lapplands

Freilich übernachten die Samen nicht mehr in Zelten. Sie besitzen feste Häuser, Motorschlitten und Autos. Die Rentiere werden mit Hilfe von Satellitennavigation aufgespürt und manchmal sogar mit Hubschraubern zusammengetrieben. Überhaupt hat die Rentierhaltung, über Jahrhunderte die Lebensgrundlage der Samen, an Bedeutung verloren. Maximal zehn Prozent der Einheimischen verdienen ihr Geld noch im traditionellen Erwerbszweig. Die meisten Samen sind auf andere Berufe umgestiegen. An einem Werktag ist es schwer, die Ureinwohner Lapplands vom Rest der Bevölkerung zu unterscheiden. Zu Ostern aber holen viele Samen die „Kofter", die bunte Tracht, hervor. Sie wird, nach Jahrhunderten der Unterdrückung und Vertreibung, heute wieder mit Stolz und Würde getragen. Besonders auffällig sind die roten Kappen der Frauen und die breiten Borten, auf blauem Stoff. Darüber werden Mäntel aus Rentierfell oder farbenfrohe Tücher geworfen, die mit einer schönen Brosche zusammengehalten werden. An den Füßen der Samen sieht man noch manchmal „Scoller", Schnabelschuhen nicht unähnlich, und ebenfalls aus Rentierfell gearbeitet. Anhand der Kleidung können die Samen die Herkunft des jeweiligen Gegenübers erkennen.

Eine Belustigung für Einheimische und Besucher sind die Weltmeisterschaften im Rentierschlittenrennen. Wie bei einer Skiabfahrt ist der Rundkurs mit Fangzäunen gesichert. Aus allen Teilen Lapplands sind Wagemutige angereist, um die abgesteckte Strecke in einem von einem Rentier gezogenen Schlitten möglichst schnell zu absolvieren. Eine Disziplin, die für die meisten Teilnehmer in den Fangzäunen endet.

Sami-Grand-Prix

Am Abend finden die Joik-Meisterschaften, der sogenannte Sami-Grand-Prix, statt. Die große Kulturhalle am Ortsrand ist zum Bersten gefüllt. Auf den Rängen bietet sich ein buntes Bild. In der ersten Reihe verfolgt die Jury das Geschehen. Der Sami-Grand-Prix ist keine Konzertveranstaltung, sondern der musikalische Wettstreit der Samen. Männer und Frauen aus vielen Teilen Lapplands tragen ihre selbst kompo-

nierten Joiks und Lieder vor. Letztere auf Samisch, versteht sich.

Helle, sich teilweise überschlagende und für „mitteleuropäische" Ohren ungewöhnlich klingende Töne dringen aus den Lautsprecherboxen. Silben und Laute werden in den verschiedensten Tonlagen moduliert. Typisch für den Joik sind die prägnanten Obertongesänge, mit denen sich schon die Schamanen in Trance versetzten. In den Joiks, der ursprünglichen „Volksmusik" der Samen, werden Plätze, Personen, Tiere oder Landschaften lautmalerisch beschrieben. Die Musik, deren Ursprünge in der Steinzeit liegen, wurde von der Kirche Anfang des 17. Jahrhunderts offiziell verboten, weil so nur „Teufel" und „Zauberer" singen konnten. Es waren vor allem die Rentiersamen, die in dieser Zeit der Unterdrückung das „Joiken" und damit einen Teil ihrer Kultur bewahrten. Heute ist vor allem die große Zahl der jungen Leute auffällig, die – begleitet von Trommeln, Saxophon, Elektrogitarre und anderen modernen Instrumenten – beim Sami-Grand-Prix auftreten. Der Sieger des diesjährigen Wettbewerbs ist noch keine 30 Jahre alt. Wie ein Popstar wird er am Ende der Veranstaltung gefeiert. Am nächsten Morgen beschließt ein farbenfroher Gottesdienst in der Kirche von Kautokeino die offiziellen Feierlichkeiten.

Links:
An Ostern treffen sich die Samen in Kautokeino zu traditionellen Feierlichkeiten und zum Sami-Grand-Prix.

Unten:
Für einen Schwatz an der Kasse hat man in Kautokeino immer Zeit.

Ganz unten:
Die Weltmeisterschaft im Rentierschlitten-Fahren ist heute eher eine Belustigung für Touristen und Einheimische.

Im norwegischen Kautokeino sind 85 Prozent der Einwohner Samen. Im normalen Alltag sind sie heute nicht von anderen Norwegern zu unterscheiden. Zu Ostern besuchen die Einheimischen noch in traditioneller Tracht die Kirche des Ortes.

Ihren Besitz messen die Samen immer noch an der Anzahl ihrer Rentiere. Zu tausenden durchstreifen sie nach wie vor die tundrenartige Landschaft Nordskandinaviens. Im Winter scharren diese interessanten Tiere bis zu einen Meter tiefe Löcher in den Schnee, um an Moose und Flechten heranzukommen.

An den Osterfeiertagen sind die „Kofter", die Trachten, zu bewundern. Die traditionelle Kleidung der Samen beeindruckt noch heute. Broschen und Filigranschmuck zeugen von handwerklichem Geschick und ästhetischem Geschmack.

Der traditionelle Schmuck und die Kleidung sind einfach und schön. Wer ständig den Rentieren hinterher ziehen musste, konnte keine schweren Schätze mit sich schleppen. So entwickelten die Samen die Kunst, das wenige, das sie besaßen, ansprechend in Farbe und Form zu gestalten.

Ein Abstecher führt zum Eishotel nach Jukkasjärvi in Schwedisch-Lappland. In den letzten Jahren hat sich dieser komplett aus Eis gefertigte Komplex zu einem Touristenmagneten entwickelt.

Im November, wenn der Torne-Fluss zugefroren ist, werden große Eisblöcke aus dem Fluss geschnitten und zur Grundkonstruktion des Hotels aufeinander getürmt.

Künstler aus der
ganzen Welt kommen
nach Jukkasjärvi, um
unter anderem die
Eisbar zu errichten
oder um die Innen-
räume des Hotels
auszugestalten.

Im Eishotel kann man
wirklich übernachten.
Bei konstant minus
fünf Grad Celsius ist
dies sicher ein erfri-
schendes Erlebnis.

Nordskandinavien ist auch ein Paradies für Skiläufer. Sowohl in Schweden, als auch in Finnland und Norwegen gibt es viele schneesichere Gebiete.

Ein Abenteuer
unserer Zeit sind
Hundeschlittentouren
durch die endlose
Weite des Nordens.

Ein ausgezeichnetes
Revier liegt bei
Merasjärvi in Schwe-
disch-Lappland.

Eishotel und Hundeschlittentour in Lappland

Viele Nordlandfahrer nutzen die Schiffe der Hurtigruten, um die Küste Norwegens abschnittsweise zu erkunden. Außerdem bieten sich die angefahrenen Häfen oft auch als Ausgangsstation für Erkundungen des Hinterlandes an. Wegen der guten Verkehrsanbindung und der Möglichkeit Autos zu mieten, gilt Tromsø als idealer Ausgangsort, um Abstecher oder Anschlussreisen nach Lappland zu unternehmen. Am Hafen steht der Mietwagen bereit, mit dem wir Schwedisch-Lappland erkunden wollen. In Merasjärvi haben wir eine Hundeschlittentour geplant. Bevor wir aber die mit Spikes gespickten Reifen des Autos mit den blanken Kufen des Schlittens vertauschen, steht ein Besuch im Eishotel von Jukkasjärvi in Schweden auf dem Programm. In den letzten Jahren hat sich dieser komplett aus Eis gefertigte Komplex zu einem Touristenmagneten

gemausert. Meist Ende November, aber spätestens, wenn die Temperaturen dauerhaft unter 0°C liegen und sich genügend Eis am Torne älv, dem Torne-Fluss, gebildet hat, wird das Hotel mit Maschinenhilfe aus Eisblöcken zusammengebaut, die zuvor aus dem Eis des Flusses gesägt wurden. Sind die Grundmauern errichtet und die Decken eingezogen, übernehmen Eiskünstler die Ausgestaltung der Innenräume. Zuerst werden verschiedene Hallen themenartig eingerichtet. Dann sind eine Veranstaltungsarena für Theaterstücke sowie die Eisbar, in der Hochprozentiges in Eisbechern ausgeschenkt wird, an der Reihe. Außerdem gehört

eine kleine Kapelle, die oft für Trauungen und Gottesdienste genutzt wird, zum Ensemble. Gleichzeitig werden die Zimmer ausgestaltet. Hier übernachtet man in Rentierfelle eingekuschelt. Böse Zungen behaupten allerdings, dass die Skandinavier eine Übernachtung in diesem Hotel nur Leuten schenken, die sie nicht leiden können. Tatsächlich ist diese Art der Unterkunft bei konstant minus 5°C doch zumindest gewöhnungsbedürftig. Trotz der eisigen Temperaturen lohnt sich der Besuch, denn die fantasievolle und individuelle Ausgestaltung macht den Reiz dieses (vergänglichen) Gesamtkunstwerkes aus. Im Frühjahr, mit den ersten wärmenden Strahlen, ist der Zauber allerdings vorbei. Die Pracht schmilzt und erst im nächsten Winter wird sie wieder aufgebaut.

Verwirklichung eines Traums

Nach der Besichtigung des Eishotels quartieren wir uns im benachbarten Merasjärvi in einer kleinen Holzhütte mit Kamin ein. Das Häuschen gehört zum Gehöft von Birgit und Brynolf, die hier schon seit mehreren Jahren eine Huskyfarm bewirtschaften. Birgit ist vor Jahren aus Deutschland ausgewandert und hat mit ihrem norwegischen Mann einen Traum wahr gemacht. Die beiden „Hundenarren" kümmern sich auf einem großzügigen Gelände um circa 40 Tiere, die aber keine reinrassigen Huskies sind. Brynolf erklärt, dass die besten Schlittenhunde in der Regel Kreuzungen aus verschiedenen Rassen wie den ausdauernden Sibirischen Huskies, den wilden Malamuten oder den starken Samojeden sind.

Am nächsten Morgen ist die erste Ausfahrt geplant. Birgit gibt eine Einweisung. Sie ist der Musher auf der Tour. Meistens fahren die Gäste Tages- oder Halbtagestouren. Es besteht aber auch die Möglichkeit längere Etappen mit Übernachtung in Hütten oder Lavvus zu absolvieren.

Sonst liegen die Tiere meist faul in ihren Gehegen herum und man kann sich kaum vorstellen, dass sie freiwillig einen schweren Schlitten ziehen würden. Doch sobald Birgit mit dem Geschirr zum

Stakeout kommt, hebt ein ohrenbetäubender Lärm an. Die Tiere sind kaum noch zu bändigen. Jetzt wissen alle, dass es endlich losgeht. Denn ein wahrer Schlittenhund hat nur eine Bestimmung: LAUFEN.

Glühendroter Sonnenuntergang

Nach ein paar Minuten sind die Hunde an der zentralen Gangleine, von der fischgrätenartig die einzelnen Neckleinen abgehen, angeschirrt. Die Anordnung folgt einer festen Hierarchie, die vom Leader über zwei ausgeglichene Zweierreihen bis zu den starken Hunden direkt vor dem Schlitten reicht. Jetzt wird die Halteleine am Stakeout gelöst und mit einem „Raketenstart" schießt der Schlitten vom Gehöft. Die erste Kurve ist glücklich gemeistert, dann gleiten wir ruhiger durch die verschneiten Wälder Lapplands. Brynolf „planiert" mit dem Motorschlitten die Spur vor uns, damit die Tiere nicht so tief einsinken und wir kommen auf ein ansehnliches Tempo. Gegen Mittag wird eine längere Rast eingelegt, bei der es Rentiergulasch mit Reis gibt. Die Hunde kühlen sich im Schneebad ab. Sie werden erst am Abend mit Futter versorgt. Am Nachmittag erleben wir einen glühendroten Sonnenuntergang über dem See von Merasjärvi und erreichen rechtzeitig vor Einbruch der Dunkelheit wieder unsere Hütte.

Links:
Winterangeln auf dem See von Merasjärvi. Mit ein bisschen Geduld beißen die Fische tatsächlich.

Unten:
Die Hunde, die keine reinen Huskys sind, sondern Kreuzungen verschiedener Rassen, machen jede Menge Arbeit. Auf dem Gehöft von Birgit und Brynolf in Merasjärvi werden sie artgerecht gehalten.

153

Nach der Ausfahrt
aus dem Varanger-
fjord erreicht das
Schiff die offenen
Gewässer der Barents-
see. Hier ist es nicht
möglich, im Schutz
vorgelagerter Inseln
zu fahren, weshalb es
auch mal kabbelig
werden kann.

Sollte man wirklich
seekrank werden,
helfen frische Luft,
Bewegung und
Ablenkung am
besten. Glücklicher-
weise dauern die
sogenannten offenen
Passagen niemals
sehr lange.

An diesem stürmi-
schen Tag entschließt
sich der Kapitän, den
Hafen von Båtsfjord
nicht anzufahren.
Das Anlegemanöver
wäre zu riskant.
Die Hurtigruten-
Kapitäne zeigen ein
hohes Maß von
Verantwortung.

Die MS Kong
Harald im
Havøysund. In der
Nähe findet man
auch eine der seltenen
Windkraftanlagen
Norwegens. Das
Land deckt seinen
Energiebedarf fast
ausschließlich durch
Wasserkraft.

Seite 156/157:
Hammerfest wirbt
mit dem Slogan, die
nördlichste Stadt der
Welt zu sein. Diesen
Titel beanspruchen
allerdings auch
Honningsvåg,
Barrow in Alaska
und Chatanga in
Russland.

*Großes Bild:
Das Schiff legt auch in Hammerfest, wie schon so oft auf dieser Reise, im Zentrum der Stadt an. Die Orte an der Küste wurden meist wegen des und um den Hafen herum gebaut.*

Sehenswert in Hammerfest sind die St. Michaelis-Kirche und der Eisbärenklub.

Der Eisbärenklub liegt in der Nähe des Hurtigruten-Anlege-platzes. Die „Royal and Ancient Polar Bear Society" von Hammerfest hat über 200 000 Mitglieder. Für die Mitgliedschaft im Klub genügt aller-dings die Zahlung der einmaligen Aufnahmegebühr.

Hammerfest führt den Eisbären im Wappen. Tatsächlich sollen sich von Spitzbergen ein-zelne Tiere bis hierher „verirrt" haben.

Seite 160/161:
Nach der Ausfahrt
aus Hammerfest
erreichen die Hurtig-
ruten-Schiffe den
Sørøysund. Im
Winter herrscht in
dieser Gegend vom
20.11. bis 21.01.
die Polarnacht. Dafür
geht vom 13.05.
bis 28.07. die Sonne
nicht unter.

Risøyhamn ist seit
über 200 Jahren ein
wichtiger Verkehrs-
knotenpunkt auf
dem Archipel der
Vesterålen. In der
Nähe liegen einige
der ergiebigsten
Fischgründe
Nordnorwegens.

Risøyhamn liegt
direkt an der 1922
eröffneten Risøy-
Rinne. Der 4,5 Kilo-
meter lange Kanal ist
der einzige Abschnitt
auf der Hurtigruten-
passage, wo der
Mensch nachhelfen
musste, damit die
Schiffe genügend
Wasser unter dem
Kiel haben.

162

Nach der Ausfahrt
aus Risøyhamn
nimmt das Schiff
Kurs auf Sortland.
Der Aufenthalt im
Hafen dauert nur
ein paar Minuten.

Der größte Teil dieser
Strecke führt durch
das geografische
Zentrum der
Vesterålen zwischen
den Inseln Hinnøya
im Osten und
Langøya im Westen
hindurch. Die
Inselgruppe ist circa
150 Kilometer lang
und wird mit „Streifen
im Westen" übersetzt.

Stokmarknes auf den Vesterålen ist seit 1776 Handelsort. Das circa 3800 Einwohner zählende Städtchen ist vor allem durch die Gründung der Vesterålen Dampfskibsselskap im Jahr 1881 durch Richard With bekannt geworden. Hier wurde die Idee einer Hurtigruten-Linie geboren.

In Stokmarknes liegt die Wiege von Hurtigruten. Die Passagiere werden direkt am Kai abgeholt und in das Hurtigruten-Museum geführt.

Die Ausstellung im Hurtigruten-Museum in Stokmarknes erinnert an die wichtigsten Ereignisse in der Geschichte von Hurtigruten. In erster Linie wird aber die verkehrstechnische Entwicklung der Schiffe dargestellt.

Die Schiffe der Hurtigruten-Linie waren ursprünglich als Post- und Versorgungsschiffe konzipiert. Heute haben Flugzeuge die Aufgabe der Postbeförderung übernommen.

Am Morgen ist
Harstad erreicht.
Hier liegen das nord-
und südgehende
Hurtigruten-Schiff
für ein paar Minuten
zeitgleich im Hafen.
Die Liegezeit reicht
nur für einen kleinen
Bummel am Hafen.

Harstad auf den
Vesterålen ist neben
Tromsø das wichtigste
Handels- und Ver-
kehrszentrum Nord-
norwegens. Vor allem
Fischverarbeitung,
Schifffahrt und Schiffs-
bau sind wichtige
Wirtschaftsfaktoren.

Gleich wird die
MS Richard With im
Hafen von Sortland
anlegen. Dort steigen
jene Passagiere
wieder zu, die den
Ausflug von Harstad
über die Vesterålen
absolviert haben.

Für circa 30 Minu-
ten erwacht der
Hafen von Harstad
zum Leben. Die
Postschiffe bringen
auch im Winter
Waren, Passagiere
und für die dort
Beschäftigten Arbeit.

Seite 168/169:
Die Fischbestände
gehen auch an
Norwegens Küsten
zurück. Immer mehr
Fischer müssen
aufgeben. Eine
Alternative für die
Zukunft könnten
Fischfarmen sein.

Sehenswert ist das Gotteshaus von Trondenes nahe Harstad. Die nördlichste mittelalterliche Steinkirche Norwegens im romanisch-gotischen Stil wurde ursprünglich als Festungskirche konzipiert.

Kostbar in der Kirche von Trondenes sind das Taufbecken und die Altarschreine. Einen Stopp sollte man auch im anschließenden Trondenes Historiske Senter einlegen. Eine ansprechende Ausstellung sowie eine Multimedia-Show führen durch die norwegische Geschichte von der Zeit der Wikinger bis heute.

Am Hafen von
Sortland endet der
Landausflug „Insel-
panorama Vesterålen".
Innerhalb von vier
Stunden bekommt
der Passagier einen
guten Einblick in das
Leben der Menschen
(und Tiere) auf dieser
Inselgruppe.

Am heutigen Tag
durchfahren die
Passagiere das
Labyrinth der
Vesterålen. Schöne
Sandstrände und
verträumte Hafen-
anlagen laden zum
Verweilen ein.

Ausflug auf die Vesterålen. Vor Andenes bricht der Grund des Lofotenbeckens fast senkrecht 3000 Meter unterseeisch ab. Hier findet der Pottwal ideale Lebensbedingungen. Auf ehemaligen Walfangschiffen können heute Norwegenbesucher „Moby Dick" einen Besuch abstatten.

Für die meisten Menschen im hohen Norden sind Fischfang und Fischverarbeitung die Haupteinnahmequellen. Die Fischerei zählt nach wie vor zu den wichtigsten Wirtschaftszweigen des Nordens.

Noch lohnt sich der
Fischfang vor Bleik
auf den Vesterålen.
Vor allem Dorsch
und Seelachs sind
begehrt. Man fängt
aber auch Rotbarsch,
Lodde, Heilbutt und
Saibling.

Seit vielen Jahren
wehren sich die
Fischer aus Nord-
norwegen gegen den
Beitritt des Landes
zur EU. Sie befürch-
ten, dass dann andere
Nationen in ihren
Fischgründen die Netze
auswerfen dürfen.

Seite 174/175:
Die Einfahrt in den
Trollfjord (ein Neben-
arm des Raftsunds)
bildet für viele
Hurtigruten-
Passagiere den
Höhepunkt ihrer
Reise. Die Passage
ist an einigen Stellen
gerade einmal
100 Meter breit.

173

Linke Seite:
Wenn das Wetter gut ist, wird der Troll-fjord, jener berühmte Nebenarm des Raftsunds auf den Lofoten, in der Regel bei der südgehenden Tour angefahren. Von Svolvær aus werden auch Chartertouren angeboten.

Ein letzter Blick zurück zum Troll-fjord. Das Schiff fährt nach dem Abstecher zurück in den Raftsund. Der nächste Hafen heißt Svolvær. Der Name Trollfjord leitet sich natürlich von den Trollen ab, also den oft Schaden bringenden Zauber-wesen der nordischen Mythologie.

Eine Meisterleistung ist das Wendemanöver der Hurtigruten-Kapitäne im Trollfjord. Manchmal steuern sie das Schiff so dicht an die Felswand, dass die Passagiere sie mit der Hand berühren können.

Der Trollfjord ist 2,5 Kilometer tief und verbreitert sich an seinem Ende. Die Felswände ragen über 1000 Meter in die Höhe. Die Einfahrt ist erst sehr spät zu entdecken.

Die Einfahrt in den Trollfjord aus dem Blickwinkel des Panoramasalons. Viele Gäste bevorzugen diesen gemütlichen und vor dem Wetter geschützten Aufenthaltsort. Die großen Fenster bieten einen guten Rundumblick.

Die Whirlpools auf
der MS Trollfjord
erfreuen sich nicht
nur bei jungen
Passagieren großer
Beliebtheit. Dies ist
sicher eine ganz
spezielle Art, den
Raftsund zu erleben.

Der Landeplatz auf
dem Hurtigruten-
Schiff ist für Heli-
kopter vorgesehen. Im
Fall der Fälle könnte
schnell zum Beispiel
ärztliche Hilfe an
Bord gebracht wer-
den. Einen Bordarzt
gibt es auf den
Schiffen nicht. Die
Entfernung zum
nächsten Hafen ist
allerdings auch nie
sehr groß.

179

Die herrliche Landschaft am Raftsund hatte einen großen deutschen Verehrer: Kaiser Wilhelm II. hat in Digermulen oft seinen Urlaub verbracht.

Großes Bild: Entlang des Raftsunds liegen mehrere Häuser und kleine Ansiedlungen, die früher manchmal nur mit dem Boot zu erreichen waren.

Der Raftsund ist eine circa 30 Kilometer lange Rinne, die die Insel Hinnøya von der Lofoteninsel Austvågøya trennt. Beidseitig von hohen Bergen umstanden, gehört diese Passage zu den spektakulärsten Abschnitten der Hurtigruten-Reise.

Die Einheimischen am Raftsund leben vor allem vom Fischfang und der Fischverarbeitung sowie von Dienstleistungen und vom Tourismus. Hier beginnen auch einige schöne Wanderwege in die umliegende Bergwelt.

180

Rechte Seite:
Elegant verbinden
Betonbrücken die
Inseln der Lofoten.
Früher waren Orte
wie Å, Reine oder
Hamnøy nur mit dem
Boot zu erreichen.

Ein wunderbares
Farbenspiel: Die
Sandbänke, Wasser-
straßen und Wiesen
der Lofoten aus der
Luft. Auch abseits der
touristischen Haupt-
route von Svolvær
nach Å gibt es jede
Menge zu entdecken.

Spektakulär: Mit
dem Flugzeug kann
man sich einen guten
Überblick verschaffen.
Am besten erkundet
man die Inselwelt der
Lofoten aber zu Fuß.

Seite 184/185:
Die wenigen Häuser
in Hamnøy stehen
zumeist auf Pfählen.
Der kleine Fischerort
liegt auf der durch
einen Damm mit
dem Festland
verbundenen Insel
Hamnøya am Beginn
des Reinefjords.
Überragt wird der
Ort im Norden vom
700 Meter hohen
Lilandstinden.

Der Winter ist eine fantastische Zeit, um die Lofoten zu besuchen. In vielen Orten können die ehemaligen Fischerhütten (Rorbuer) als Unterkunft gemietet werden.

In Moskenes auf den Lofoten kommt die Fähre aus Bodø an. Der Ort eignet sich hervorragend als Ausgangspunkt für Erkundungen der Inselgruppe.

Rechte Seite: Auch vom Hafen Moskenes fahren die Fischer zum Fang hinaus. Der Ort liegt im Südwesten der Inselgruppe.

Unglaubliche Lichtspiele – Hurtigruten im Winter

D a ist es doch die ganze Zeit über dunkel." „Die schönste Zeit in Norwegen ist der Sommer." „Im Winter ist das Wetter immer schlecht."

Zugegeben: Wer eine Winterfahrt mit Hurtigruten plant, begegnet vielen Vorurteilen. Fakt ist: Die Tage sind kurz, Geiranger wird nicht angelaufen und viele Ausflüge finden im Winter nicht statt. Und trotzdem berichten Nowegen-Kenner begeistert von ihrer Hurtigrutentour zur angeblichen „Unzeit". Warum?

Um das herauszufinden, legen wir unsere Winterreise auf Ende Februar. Die Tage sind jetzt schon wieder länger, und die Rundfahrtpreise sind noch erfreulich niedrig. Die erste Überraschung erwartet uns in Bergen: Bryggen, das Holzhausviertel, strahlt im Licht der Nachmittagssonne. Der Himmel ist tiefblau. Die Luft ist nicht so eisig, wie erwartet. Der Golfstrom sorgt entlang der Küste für erträgliche Temperaturen. Während im Landes-

Mitte:
An Bord eines Hurtigruten-Schiffes bestehen gute Chancen, das Nordlicht zu erleben.

Unten:
Die Kapelle von Sildpollnes liegt mitten im Austnesfjord auf den Lofoten. Der Fjord ist auch ein beliebtes Angelrevier.

Seite 190/191:
Weiße Sandstrände wie dieser bei Ramberg auf den Lofoten laden zum Verweilen ein. Im Sommer heizen sich die Lagunen manchmal so weit auf, dass das Baden sogar angenehm wird.

inneren das Quecksilber auf unter minus 40°C fallen kann, liegt es an der Küste meistens zwischen 0°C und minus 10°C. Oft steigen die Temperaturen auch ins Plus.

Gerade einmal 80 Rundfahrtgäste checken mit uns ein. Seltsam, dieser Platz auf einem Schiff, das normalerweise bis zu 1000 Passagiere aufnehmen kann. Das neue „Raumgefühl" erwartet uns auch auf den Panoramadecks. Ohne Probleme bekommen wir die besten Plätze. Auf der Sommertour waren diese faktisch dauerbelegt.

Es ist bereits dunkel, als unser Schiff in Bergen ablegt. Kurze Zeit nach dem Abfahrtsignal entschwinden die Lichter der Stadt. Eine seltsame Stille hüllt uns

ein. Wir beobachten den Himmel. Vielleicht haben wir ja gleich am ersten Abend Glück und erleben das Nordlicht. Doch noch bleibt die Nacht pechschwarz. Nur vereinzelt funkeln Sterne am Firmament. Mit dem gleichmäßigen Rollen des Schiffes fällt die Anspannung der letzten Wochen ab. Früh verschwinden wir an diesem Tag in unserer Kabine.

In der Nacht hat es geschneit. Die Anlegeplätze von Måløy und Torvik sind von einer jungfräulichen Schneeschicht überzogen. Dasselbe Schauspiel in Ålesund, der schönen Stadt im Jugendstil. Der Aufstieg zum Aussichtsberg Aksla gleicht der Wanderung durch einen verschneiten Märchenwald.

Wohlfühlprogramm

Die nächsten Tage laufen in einem gemächlichen Tempo ab. Wir werden lange frühstücken, uns Zeit für Gespräche nehmen und Hast und Stress vermeiden. Wir werden Bücher lesen, ausschlafen, regelmäßig und gesund essen und im Fitnessraum mit angeschlossener Sauna ein Wohlfühlprogramm absolvieren. Und wir werden in den Panoramasalons sitzen, schauen und immer wieder staunen. Norwegens Fjordlandschaft im Winterkleid, wir scheuen uns nicht, das hier zu sagen, gehört zu den beeindruckendsten Szenerien, die wir bis jetzt gesehen haben. Dazu die unglaublichen Lichtspiele. Die Sonne steht flach über dem Horizont. Manchmal verwandelt sie den Himmel in ein Flammenmeer. Dann versteckt sie sich hinter dicken Wolken- oder Nebelbänken, doch offenbar nur, um im nächsten Augenblick mit aller Kraft ihre Strahlen durch ein Wolkenloch zu schicken.

In Trondheim wird auf einem Ausflug extra für uns der Nidarosdom geöffnet. Im Sommer besuchen manchmal hunderte Touristen gleichzeitig die schöne Kathedrale. Atemberaubend die Überfahrt von Bodø auf die Lofoten: Im goldenen Licht des Nachmittags glüht die gewaltige Lofotwand am Horizont. Je näher wir kommen, desto genauer können wir die Details dieser unvermittelt sich aus dem Wasser erhebenden Bergkette erkennen. Auf der südgehenden Tour werden wir den einzigartigen Raftsund mit seinen fantastischen Panoramen

sowie den verschneiten Trollfjord bestaunen können. Selbstverständlich unternehmen wir einen Winterausflug zum Nordkap (warme Sachen anziehen), und während des Landausfluges von Harstad nach Sortland lauschen wir den amüsanten Geschichten unseres Guides Birger Larsen. Hoch im Norden erleben wir die See von ihrer rauen Seite. Zwischen Berlevåg und Båtsfjord wird unser Schiff ziemlich „durchgeschüttelt". Glücklicherweise sind die offenen Passagen, also die Abschnitte, in denen Hurtigruten offenes Meer befährt, nie sonderlich lang.

Aurora Borealis

Auf der südgehenden Tour passiert es: Kurz hinter Tromsø kommt plötzlich eine Lautsprecherdurchsage: Das Nordlicht! Und tatsächlich: Über den Lyngen-Alpen ziehen weiß-grüne Lichtbänder ihre Bahn. Dann mischen sich andere Farben hinein: Rot, Orange und Gelb. Wie eine leuchtende Robe tanzt Aurora Borealis über den Bergketten. Wir haben wirklich Glück, dieses Phänomen fast eine halbe Stunde erleben zu können. Und plötzlich verstehen wir, warum so viele Menschen vom Winter in Norwegen schwärmen. Hurtigruten im Winter ist ein Geheimtipp, nicht nur für „Norwegen-Fortgeschrittene".

Links:
Von ein paar läppischen Minusgraden lässt sich ein Norweger nicht von seinem Hobby abhalten. Eisangeln gehört zu den beliebtesten Aktivitäten in der kalten Jahreszeit.

Unten:
Die MS Richard With durchfährt die verschneite Landschaft am Raftsund.

Ganz unten:
Die Schiffe der neuesten Generation bieten eine ganz besondere Möglichkeit, den Winter in Norwegen zu erleben. Was gibt es schöneres, als im beheizten Whirlpool die Landschaft an sich vorbeiziehen zu lassen.

Seite 192/193:
Früher fuhren bis zu 1500 Fischer aus dem hufeisenförmigen Hafen von Nusfjord, um auf Fischfang zu gehen. Doch diese Zeiten sind aufgrund des schwindenden Kabeljaubestandes vorbei. Heute leben die meisten der 100 Bewohner des Ortes vom Fremdenverkehr, der von Jahr zu Jahr stärker zunimmt.

Nur das Gekreisch der Möwen stört die Idylle von Tind. Die Holzhäuser werden gerne von Anglern oder Wanderern als Unterkunft gemietet.

Wer mit dem Zelt unterwegs ist, hat nie Schwierigkeiten mit dem Übernachten. Hier der Zeltplatz bei Å.

Der Naturhafen von Nusfjord wird heute von vielen Bootsbesitzern angesteuert. Der Ort wirkt wie eine Spielzeugstadt vor der dramatischen Kulisse aus Fels und Stein.

In Nusfjord bemühen sich viele Einwohner, ihren Ort originalgetreu zu erhalten. Das Dorf wurde schon 1975 von der UNESCO zum Weltkulturerbe erklärt.

Seite 196/197: Der Blick vom Reinebriggen auf den Lofoten entschädigt für einen steilen, circa eineinhalbstündigen Aufstieg. Die Wanderung auf den Hausberg von Reine ist eine der Topp-Touren Norwegens.

Wie vor hundert Jahren wird der Fisch nach dem Fang auf großen Gestellen zum Trocknen aufgehängt, bis er durch Sonne und Wind zu Mumien geschrumpft ist. Die klassische Methode zur Stockfischherstellung hat sich kaum geändert.

Viele Fischereikooperativen wie die Amtsens aus Hamnøy arbeiten als Familienunternehmen. In der Saison wird jede Hand benötigt, um die Leinen vorzubereiten, den Fang zu verarbeiten oder die Boote zu warten. Eine Pause muss aber auch mal sein.

Die Arbeit der Fischer hat nichts mit „Fischerei-Romantik" zu tun. Der Job ist sehr anstrengend. Oft sind die Crews mehrere Tage draußen und arbeiten, ohne zu schlafen.

Hamnøy auf den Lofoten ist ein Zentrum des Fischfangs. Zwischen Januar und März ist die Hauptsaison.

In Kabelvåg auf den Lofoten haben sich schon früh Künstler angesiedelt. Anfang des 19. Jahrhunderts wurden die Inseln von Malern aus Schweden „entdeckt". Ihre Bilder machten die Schönheit der Lofoten über die Grenzen des Landes hinaus bekannt.

Vom Kai in Kabelvåg auf den Lofoten starten viele Angler zum Hochseefischen. Begehrt sind Dorsch, Heilbutt und Seelachs. Der Hafen begann Anfang des 20. Jahrhunderts zu versanden. Deshalb können heute nur kleine Boote hinausfahren.

Die Kirche von Flakstad ist gut an ihrem Zwiebeltürmchen zu erkennen. Das Gotteshaus wurde 1780 erbaut. Von Zeit zu Zeit finden hier besuchenswerte Konzerte statt.

Auch heute noch kommen viele Künstler auf die Lofoten. Die außergewöhnlichen Motive, die Intensität der Farben und das Licht ziehen sie an.

Seite 202/203:
Seit über 100 Jahren versehen Hurtigruten-Postschiffe zuverlässig ihren Dienst. Hier zwei Schiffe der neuesten Generation vor Henningsvær.

201

Oben:
Nachdem das süd-
gehende Schiff
Henningsvær passiert
hat, macht es im
Hafen von Stamsund
fest. Danach verlässt
es ruhiges Gewässer.
Vor den Passagieren
steht die etwa drei
Stunden dauernde
Fahrt durch den
Westfjord, wo es
manchmal kabbelig
werden kann.

Rechts:
Henningsvær bietet
mit seinen dicht
gedrängten Häusern,
Fischerhütten, Booten
und gewaltigen Bergen
faszinierende Motive.
Die Lage des Ortes
war für den Fischfang
sehr günstig, da es
nur einer kurzen
Anfahrt zu den Fisch-
gründen sowohl im
Westen als auch im
Osten bedurfte.

Links:
*Wie hier bei
Henningsvær werden
viele der vorgelagerten
Inseln als Standort
für die Gestelle zur
Fischtrocknung
genutzt. Die Haupt-
inseln der Lofoten
sind zwar mittlerweile
durch Brücken ver-
bunden, die vielen
kleineren Eilande
aber nach wie vor
nur mit dem Boot zu
erreichen.*

Sandnessjøen ist eine Ortschaft in der norwegischen Kommune Alstahaug und liegt etwa 50 Kilometer südlich des Polarkreises. Der berühmteste Sohn des Ortes ist der norwegische Pfarrer und Nationaldichter Petter Dass (circa 1646–1707). Sein Buch ‚Nordlands Trompet' gilt als eines der ersten Werke der norwegischen Literatur.

Der heutige Ertrag reicht kaum, um finanziell über die Runden zu kommen, klagen diese Fischer aus Sandnessjøen. Die meisten von ihnen haben einen Zweitjob.

Sandnessjøen war
bereits im 17. Jahr-
hundert ein Handels-
ort. Sehenswert ist die
aus Holz gefertigte
Kreuzkirche des Ortes.
Das Hurtigruten-
Schiff liegt auf der
südgehenden Tour
eine Stunde im Hafen.

Wie an vielen Orten
der Küste ist das
Leben der Menschen
auch in Sandnessjøen
eng mit dem Fisch-
fang verbunden. Mit
kleinen Booten wagen
sich die Norweger ins
Eismeer hinaus.

Am 17. Mai, dem
Nationalfeiertag der
Norweger, findet in
der Kirche von Nesna
ein Gottesdienst statt.
Passagiere und Crew
des Hurtigruten-
Schiffes sind ein-
geladen, an diesem
teilzunehmen.

Überall im Land wird
der 17. Mai gefeiert.
Im Jahr 1814 wurde
an diesem Tag das
norwegische Grund-
gesetz angenommen.
Mit Kind und Kegel
und natürlich der
norwegischen Fahne
geht es zu den
Feierlichkeiten. Für
die meisten Norweger
ist die Teilnahme an
einer der Paraden ein
Pflichttermin. Dabei
ist das Tragen der
Nationaltracht,
„Bunad", in den
letzten Jahren immer
beliebter geworden.
Das Aussehen der
Trachten unterschei-
det sich von Region
zu Region.

Normalerweise liegt
das Hurtigruten-
Schiff nur wenige
Minuten im Hafen
von Nesna. Am
Nationalfeiertag wird
jedoch die Liegezeit
verlängert. Der halbe
Ort ist gekommen,
um das Schiff zu
begrüßen.

Am Morgen des
17. Mai findet an
Bord eine Kapitäns-
ansprache statt.
Obwohl die Norweger
(und auch die Hurtig-
rutenpassagiere)
normalerweise legere
Kleidung tragen,
zieht man sich heute
dem Anlass entspre-
chend an.

Seite 210/211:
Um das Loch im
Berg Torghatten
ihren Passagieren zu
zeigen, fahren die
Hurtigruten-
Kapitäne extra einen
Bogen. Nach der
Sage soll der mar-
kante Felsen der Hut
des Trollkönigs sein.

Brønnøysund liegt malerisch an der Schärenküste Mittelnorwegens. Der Ort wurde vor allem als Ausgangspunkt für den Besuch des „Torghatten" – des Berges mit dem Loch – bekannt.

Die Brønnøysund-Brua verbindet elegant die beiden Ufer der Stadt. Landschaftlich schön am Kystriksveien (so wird der Abschnitt der RV 17 zwischen Steinkjer und Bodø genannt) gelegen, markiert der Ort in etwa die Mitte dieser Panoramastraße.

Brønnøysund liegt „im Herzen von Norwegen" in einer reizvollen und abwechslungsreichen Landschaft, die „Norwegen en miniature" sein könnte. An der Küste der Region Helgeland kann man auf vielen der circa 13 000 Inseln Urlaub machen und nach Herzenslust angeln. Hier der Ausblick auf die Berggipfel der Sieben Schwestern.

An Festtagen wie zum Beispiel dem Nationalfeiertag werden die Schiffe der Flotte mit Fahnen geschmückt. Die Einfahrt in die Häfen, wie hier in Brønnøysund, ist dann ein besonderes Ereignis.

Seite 214/215: Die Sieben Schwestern nahe Sandnessjøen sollen die versteinerten Töchter des Trollkönigs sein. Die markante Bergkette ist am besten von der Seeseite zu sehen. Alle zwei Jahre wird ein Wettrennen von „Schwester" zu „Schwester" veranstaltet.

Linke Seite:
Kristiansund wurde
über drei Inseln
gebaut. Um die schöne
Stadt ans Land zu
binden, wurden den
circa 19000 Ein-
wohnern eine
1500 Meter lange
Hängebrücke und ein
fünf Kilometer langer
Tunnel spendiert.

Leider liegt das
Hurtigruten-Schiff
nur etwa 45 Minuten
im Hafen von
Kristiansund. Die
Zeit ist zu kurz, um
die Stadt ausgiebig
zu erkunden.

Trotz der Anbindung
Kristiansunds durch
den Tunnel und eine
Brücke ist der Besuch
mit Fähren oder
Hurtigruten-Schiffen
auch heute noch eine
Option. Wer auf dem
Landweg kommt,
muss eine hohe Maut
bezahlen.

Seite 218/219:
Die Einwohner von
Kristiansund leben
vor allem vom
Schiffsbau und dem
Fischfang. Vor der
Küste wurde aber
auch Erdöl entdeckt.
Deshalb verzeichnet
die Stadt einen
Zuzug von vor allem
jungen Leuten, die
sich hier einen guten
Job versprechen.

Hurtigruten kompakt

Behindertengerechtes Reisen

Außer MS Lofoten und MS Nordstjernen verfügen alle Schiffe über Aufzüge und rollstuhlgerechte Kabinen. Der Zugang auf das Schiff erfolgt meistens über die Rampe des Autodecks. Schwerbehinderte Reisende beziehungsweise Reisende, die nicht in der Lage sind, für sich selbst zu sorgen, dürfen nur mit einer Begleitperson reisen. Dies muss bei der Buchung angegeben werden. Die Landausflüge sind teilweise nicht behindertengerecht.

Bordsprache

Offizielle Bordsprachen sind Norwegisch und Englisch. Die Durchsagen werden aber auch auf Deutsch gehalten. Sofern sich an Bord ein deutschsprachiger Lektor befindet, werden Vorträge in deutscher Sprache angeboten. Englischsprachige Vorträge werden zum Teil übersetzt. Die Bord-Reiseleiter und Mitarbeiter an der Rezeption, der Purser sowie einige Mitglieder der Servicecrew sprechen meistens Deutsch. Tagesprogramme, Informationsblätter zu den Häfen sowie die Menükarten sind meist auch in deutscher Sprache verfasst.

Buchungen und weitere Informationen

Eine Hurtigruten-Reise kann man meist in jedem Reisebüro buchen, das Norwegentouren im Angebot hat. Umfassende Beratung sowie Buchung ist auch in Hamburg möglich bei der:
Hurtigruten GmbH
Kleine Johannisstraße 10
20457 Hamburg
Deutschland
Tel. 040/ 37 69 30
Fax 040/ 36 41 77
E-Mail Kontakt:
Kundenservice: info@hurtigruten.de
Vertrieb: vertrieb@hurtigruten.de
Natürlich vermittelt die Hurtigruten GmbH auch gerne ein Partnerbüro in Ihrer Nähe.

Weitere interessante Internetadressen

www.hurtigruten.de
(Betreiber der Postschiff-Linie)
www.art-adventure.de
(Multivisionen und Bildarchiv über Hurtigruten)
www.huskykompaniet.com
(Hundeschlittentouren in Lappland)

Rechts:
In den meisten Häfen wird über seitlich abklappbare Treppen aus- oder eingestiegen. Am Eingang müssen sich Passagiere und Gäste durch ein elektronisches System registrieren lassen.

Ein- und Anreise

Für die Einreise nach Norwegen genügt der Personalausweis.
In den Frühjahrs- und Sommermonaten werden von den Flughäfen Berlin, Frankfurt, Düsseldorf und Hamburg Direktflüge nach Bergen, beziehungsweise ab Frankfurt auch nach Oslo angeboten. Außerdem gibt es Flüge (meist über Oslo) nach Kirkenes.

Einschiffung

In Bergen

Zeitraum	Abfahrt	Einschiffung
01.01.–14.04.	22.30	ab 18.00
15.04.–14.09.	20.00	ab 18.00
15.09.–31.12.	22.30	ab 18.00

Achtung: Diese Zeiten können sich von Saison zu Saison ändern. Bitte erkundigen Sie sich unbedingt vor Antritt Ihrer Reise.
Bei allen anderen Häfen erfolgt die Einschiffung direkt nach Anlegen des Schiffes, spätestens 30 Minuten vor der angegebenen Abfahrtszeit.

Essen und Trinken

Die Verpflegung erfolgt gemäß den gebuchten und bestätigten Leistungen der Reisebestätigung. Die Mahlzeiten werden zu festen Zeiten im Restaurant serviert.
Reichhaltiges Frühstücksbuffet:
7.00 – 10.00 Uhr
Großes Mittagsbuffet mit warmen und kalten Speisen und Desserts:
12.00 – 14.30 Uhr
3-Gänge-Abendmenü:
18.30 – 21.00 Uhr
In der Hochsaison wird das Mittag- und Abendessen in zwei Durchgängen eingenommen. In diesem Fall können die o.g. Zeiten abweichen bzw. sich verschieben. Die Küche zeichnet sich durch regionalen Charakter und eine Vielfalt von Fischgerichten aus. Es gibt außerdem eine Cafeteria an Bord.
Bier, Wein und Spirituosen sind zwischen 6.00 Uhr morgens und 3.00 Uhr nachts erhältlich. Bitte beachten Sie, dass Spirituosenpreise in Norwegen höher sind als in Deutschland und weder ein- noch ausgeführt werden dürfen.

Fitnessraum, Sauna und Pool

Alle Schiffe der neuen Generation sind mit einem einfachen Fitnessraum und einer Sauna ausgestattet. Die Öffnungszeiten erfährt man an der Rezeption des Hurtigruten-Schiffes. Die MS Finnmarken bietet auf dem Außendeck einen beheizten Swimmingpool und zwei beheizte Whirlpools sowie Räumlichkeiten für Gesundheits- und Pflegeanwendungen. Die Schiffe MS Midnatsol, MS Trollfjord, MS Richard With und MS Nordkapp verfügen über beheizte Whirlpools an Deck.

Fotografieren

Videokamera und/oder Fotoapparat und eventuell ein Fernglas gehören zur Reise. In den Kabinen kann man Batterien ohne Adapter an einer ganz normalen Steckdose aufladen. Wer analog fotografiert oder filmt, sollte eine ausreichende Anzahl an Filmen mitbringen, da Filmmaterial in Norwegen sehr teuer ist.

Garderobe

Gesellschaftskleidung (Anzug, Cocktailkleid o.ä.) ist nicht erforderlich, allerdings gehört zum Beispiel bei den Herren ein Jackett oder Blazer ins Gepäck. Bitte denken Sie daran, dass Sie in nördliche Regionen fahren – also unbedingt warme, wind- und wasserdichte Bekleidung mitnehmen. Schal, Mütze, festes Schuhwerk und Sonnenbrille/-creme sind ebenfalls einzupacken.

Gepäck

In skandinavischen Ländern ist die Dienstleistung des Gepäckträgers weithin unbekannt. Empfehlenswert ist es, nur so viel Gepäck mitzunehmen, wie man selbst tragen und während der Reise beaufsichtigen kann. Wichtige Medikamente, Brillen, Ausweispapiere usw. sollten grundsätzlich im Handgepäck und nicht im Koffer transportiert werden.
In Bergen wird das Gepäck nach dem Check-in aufs Schiff gebracht. Es besteht die Möglichkeit, die Koffer an der Bordrezeption zur Aufbewahrung abzugeben.

Kabinen

Die Kabinen sind aufgrund der verschiedenen Schiffsgenerationen unterschiedlich in Ausstattung und Größe. Die Kabinen, Minisuiten, Suiten etc. auf den diversen Schiffen vorzustellen, würde den Rahmen des hier vorhandenen Platzes sprengen. Lassen Sie sich unbedingt ausführlich von einem guten Reisebüro beraten.

Zu beachten ist, dass auf den traditionellen und den Schiffen der mittleren Generation die Bullaugen einiger Kabinen bei Schlechtwetterlage aus Sicherheitsgründen mit Abdeckklappen verschlossen werden müssen bzw. während bestimmter Zeiten geschlossen bleiben.

Klima und Reisezeit

Hurtigruten-Schiffe verkehren ganzjährig. Das Wetter kann nicht nur täglich, sondern sogar stündlich sehr stark schwanken. Die Temperaturen liegen im Sommer zwischen 10 und 25°C in den nördlichen und zwischen 15 und 30°C in den südlichen Landesteilen. Im Winter sinken die Temperaturen auf 2 bis minus 10°C. Dabei bleibt die Küste eisfrei.

Tageslichtstunden

Datum	Bergen	Tromsø	Berlin
01.01.	6	0	8
01.02.	8	5	9
01.03.	10,5	9,5	11
01.04.	13,5	14	13
01.05.	16	18,5	15
01.06.	18,5	24	16,5
01.07.	19	24	17
01.08.	17	21	15,5
01.09.	14	15,5	13,5
01.10.	11,5	11	11,5
01.11.	8,5	6,5	9,5
01.12.	6,5	0	8

Mitternachtssonne

Ort	Erster/letzter Tag
Bodø	03.06.–08.07.
Hammerfest	16.05.–26.07.
Harstad	24.05.–18.07.
Nordkap	13.05.–29.07.
Svolvær	28.05.–14.07.
Tromsø	20.05.–22.07.
Vardø	17.05.–25.07.

Mittlere Tageshöchsttemperaturen

Datum	Bergen	Tromsø	Berlin
01.01.	3,5	-2,0	1,8
01.02.	3,8	-1,6	3,5
01.03.	6,0	0,1	7,9
01.04.	9,0	3,3	13,2
01.05.	14,1	7,8	18,6
01.06.	17,0	12,7	21,8
01.07.	18,2	15,4	23,1
01.08.	17,9	13,8	22,8
01.09.	14,6	9,2	18,7
01.10.	11,3	4,6	13,3
01.11.	6,8	1,1	7,0
01.12.	4,6	-1,1	3,2

Ladeaktivitäten

Da es sich bei den Hurtigruten-Schiffen auch um Arbeitsschiffe mit Be- und Entladeaktivitäten handelt und die Häfen rund um die Uhr angelaufen werden, kann eine gewisse Beeinträchtigung durch Lärm nicht ausgeschlossen werden.

Landausflüge

Es werden eine Reihe organisierter Landausflüge angeboten, die zum Teil an Bord zu buchen und zu bezahlen sind. Alle angebotenen Ausflüge sind für jeden Teilnehmer mit einer normal guten Kondition zu bewältigen. Das Programm erfragt man am besten vorher im Reisebüro.

Medizinische Versorgung

Wegen der kurzen Abstände zwischen den einzelnen Häfen gibt es weder einen Arzt noch eine Apotheke an Bord, aber natürlich eine Erste-Hilfe-Ausrüstung und eine Krankenkabine.

Rauchen an Bord

In Norwegen besteht in öffentlichen Gebäuden und an öffentlich zugänglichen Plätzen Rauchverbot. Seit Juni 2004 verbietet ein Gesetz das Rauchen auch in Restaurants, Cafés, Bars etc. Auf den Hurtigruten-Schiffen ist das Rauchen daher nur an Deck gestattet.

Reiseleiter

Auf allen Schiffen ist ganzjährig ein deutschsprachiger Reiseleiter an Bord. In den Monaten Januar bis April wird zusätzlich ein Reiseleiter der Hurtigruten GmbH auf der MS Polarlys und der MS Kong Harald als Ansprechpartner für die deutschsprachigen Gäste eingesetzt. Von Mai bis August wird dieser Service auf allen Abfahrten ab Bergen fortgesetzt.

Shop

Auf den meisten Schiffen ist ein Bord-Shop vorhanden, in dem Souvenirs, Strickwaren, Ansichtskarten, Briefmarken und Toilettenartikel verkauft werden. Auf Schiffen ohne Shop werden diese Artikel in der Cafeteria angeboten.

Strom

Die Kabinen sind mit Steckdosen für 220 Volt Wechselstrom ausgestattet. Es wird kein Adapter benötigt.

Telefon, Fax und Internet

Alle Schiffe verfügen über Münzfernsprecher. Mobiltelefone haben in der Regel eine gute Reichweite. Außerdem ist man im Regelfall jederzeit an Bord telefonisch und per Fax zu erreichen. Die Schiffe können im Selbstwähldienst direkt angewählt werden. Telefonnummer und E-Mail-Adresse erhält man mit den Reiseunterlagen. Schiffe der neuesten Generation haben Internetzugang.

Trinkgelder

An Bord sind Trinkgelder kein Muss. Wer mit einem Service besonders zufrieden war, kann dies selbstverständlich mit einem Trinkgeld individuell honorieren.

Unterhaltungsprogramm

An Bord wird weitgehend auf Showprogramme oder Ähnliches verzichtet. Im Mittelpunkt der Reise stehen das Erleben und Betrachten der Natur sowie die individuelle Entspannung an Bord.

Wäscherei

Die Schiffe der neuen und mittleren Generation sind alle mit einem Waschraum ausgestattet.

Zahlungsmittel an Bord

Norwegens Währung ist die Norwegische Krone NOK. 100 NOK entsprechen circa € 11,35 (Stand: Mai 2009). Weiterhin werden an Bord VISA, American Express, MasterCard, Diners Club, JBC International und Euro-Reiseschecks akzeptiert sowie die meisten Währungen gewechselt. EC-Karten werden nicht akzeptiert.

*Links:
Was gibt es Neues?
Die wichtigsten Meldungen des Tages werden in der „Hurtigruten-Postille" in vier Sprachen ausgehängt.*

*Unten:
Richard With (Gemälde) wurde in Tromsø geboren. Bis zur Gründung der Hurtigruten-Linie hatte der Kaufmann und Kapitän Fisch und andere Güter zwischen Nord- und Südnorwegen transportiert.*